Alma ligera en cuerpo pesado | Cómo quitarte un peso de encima

Autor: Wendolee Ayala
Primera Edición
Publicado en Los Angeles CA, Octubre 2020

Edición y Diseño por Alicia Monsalve

Fotografía de portada: Francisco Guerra

Las fotografías incluidas son de la colección personal de Wendolee Ayala,
a excepción de las fotografías de Marlene Quinto y Marybel Yañez,
quienes otorgaron los derechos para su uso.

Publicado por Gordibuenas Fit Club Corporation

ISBN: 978-0-578-79468-6

Contacto:
info@gordibuenasfitclub.com
Twitter: @gordibuenasfit
Facebook/Instagram/YouTube: Gordibuenas Fit Club
www.gordibuenasfitclub.com

Alma ligera

EN CUERPO PESADO

WENDOLEE AYALA

CÓMO QUITARTE
UN PESO DE ENCIMA

GORDIBUENAS FIT CLUB

Cantautora de música regional mexicana, originaria de Torreón, Coahuila, México, madre de dos hijos Harrison y Hannah. Estudió en la Facultad de Artes Escénicas en la Universidad Autónoma de Nuevo León, las carreras de Danza Contemporánea y Drama.

Saltó a la fama internacionalmente en el 2002 con su participación en la primera temporada del *reality show* más visto en la historia de la televisión en español, **"La Academia: Primera Generación"**, convirtiéndose en una de las pocas figuras *curvys* de la televisión mexicana.

Participó en una gira de más de 100 conciertos por diferentes países, tiene 25 discos con la academia y 3 como solista, 2 distribuidos por Sony Latin Music.

Actriz de telenovelas, teatro, y recientemente debutó en el cine mexicano.

Fundadora de **Gordibuenas Fit Club**, una de las organizaciones más grandes en Latinoamérica que crea contenidos para redes sociales con los cuales inspira a millones de mujeres *curvys* en el mundo a mejorar su mente, cuerpo y espíritu.

ẄENDOLEE

Dedicatoria

Para mi mamá, Sandra Morán y mi papá Justo Ayala,
quienes me dieron las herramientas para hacer todo lo que
parece imposible, posible.

Para Todd Hill, mi esposo, que me llena de amor, paciencia
y me impulsa a soñar más grande.

Para mis hijos Hannah y Harrison, a quienes les dejo estos
pedacitos de mí por todos lados para que recuerden
cuánto los amo.

⇒ Agradecimientos ⇐

A mis amadas y maravillosas gordibuenas. Mis hermosas: ustedes me dicen que yo les cambié la vida, pero realmente ¡ustedes fueron quienes cambiaron mi vida! Desde que empecé a crear contenido para alegrarles la vida, mi vida se hizo mejor, más alegre y con muchas amigas por todo el mundo. Las quiero mucho y les agradezco desde lo más profundo de mi ser que me acompañen en todas las cosas que intento hacer para cambiar la percepción que tiene el mundo sobre nosotras. ¡Las amo! y espero siempre poder seguir sirviendo y aportando cosas lindas a sus vidas.

Muchas gracias a mi Todd, por empujarme a escribir este libro y por demostrarme tanto amor todos los días, por los últimos 15 años. Por impulsarme a ir más allá de lo que yo creía que era el tope. Te admiro mucho, amo nuestra vida juntos, nuestra pequeña familia y todos nuestros logros, ¡vamos por más, MIO!

Gracias a mis Wendofans que por tantos años me han apoyado aun cuando nadie más lo hacía. Gracias, mis niños ¡los amo!

Gracias a mi manager, Jesús Madrid, que me ha guiado cuando ando perdida. Gracias por creer en mis talentos.

Gracias a Patricia Reyes y a Alicia Monsalve por ayudarme a mejorar este libro.

Gracias a mi mamá por hacerme la vida bonita y por traducir este libro.

¡GRACIAS DIOS! Ayúdame a llevar amor y alegría a través de mi entretenimiento.

WENDOLEE

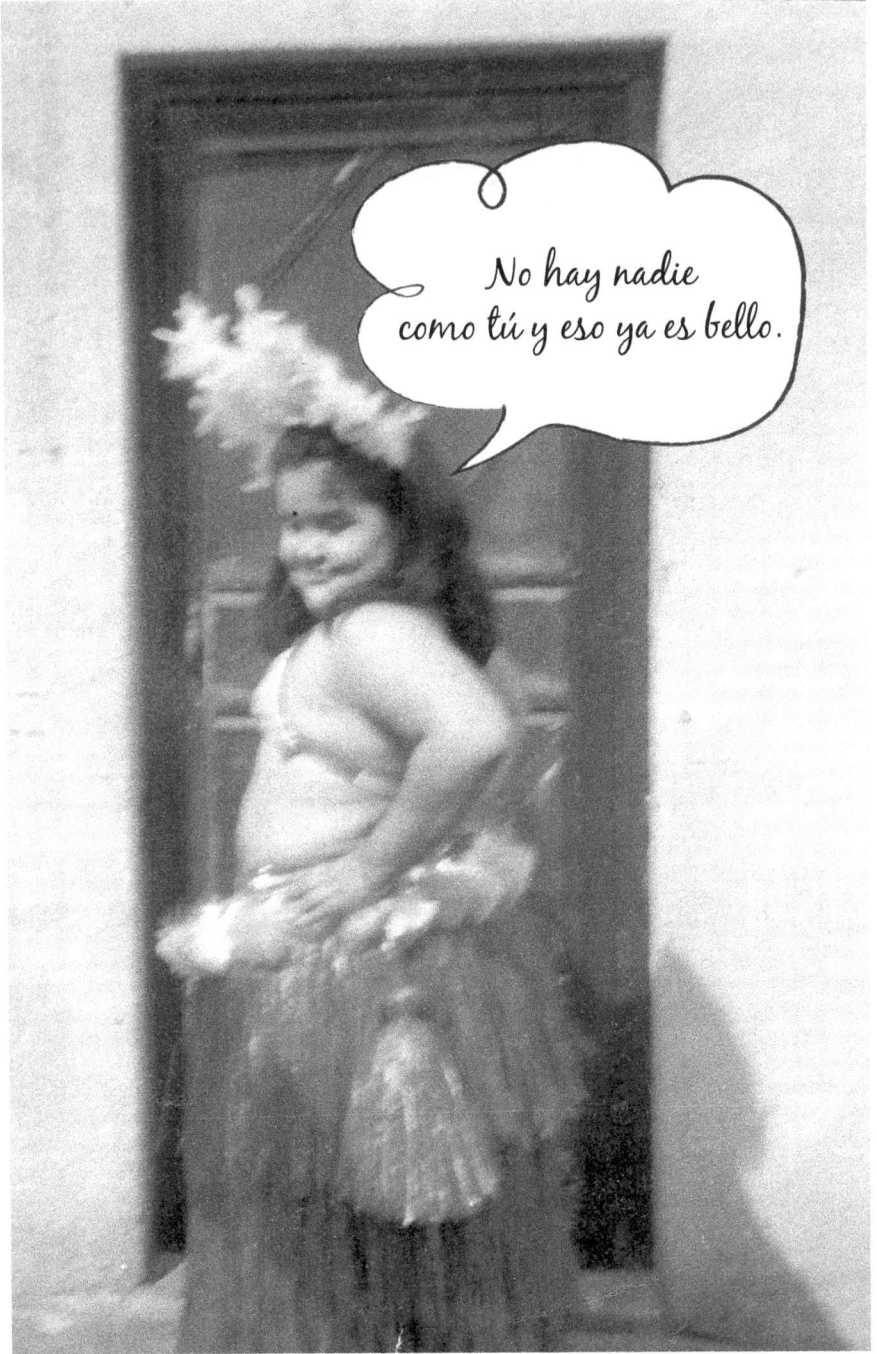

Índice

Prólogo

Un alma ligera en un cuerpo lleno de talento y energía positiva

Patricia Reyes

Tengo el enorme agrado y privilegio de presentar el debut literario de Wendolee Ayala, un ser extraordinario a quien quiero y admiro mucho.

El libro que tienes en tus manos te va a encantar muchísimo, porque es un desnudo integral colmado de historias y anécdotas reveladoras en donde descubres que las emociones como las buenas historias, requieren experiencia de vida y, sobre todo, un apetito feroz de soltar los miedos e inseguridades que oprimen el alma.

El propósito de esta obra es al florecimiento de la persona, a la comprensión de una vida humana plena, y a darle compasión a lo que estás sintiendo, a darle espacio y amor a tus dudas e incertidumbres; a cómo encontrar una conexión con esas emociones que quieres elevar y que vienen de ideas preconcebidas, pero que cuando les das espacio y tiempo vuelves al presente, sientes y traes sensación de amor a ese proceso tuyo. Cada capítulo hace que ese patrón visceral vaya disolviéndose en cada punto y coma, te libera para aprender a elegir lo que deseas, y a tomar todas las decisiones con valor, desprendimiento y —a veces— con una cierta dosis de locura.

Esta obra recorre un tramo de escaleras en el camino que llevan al desarrollo a centrarse en la expresión de la propia creatividad, en la búsqueda de la iluminación espiritual y el conocimiento y en ejemplos de auto-realización.

También descubrirás el arma poderosa que usó la madre de Wendolee con ella cuando sólo contaba con 5 años de edad y que hasta al día de hoy sigue siendo su arma de batalla. Y cómo una combinación de tres cosas ha sido su fórmula de éxito personal, profesional y espiritual.

Te invito a dar un viaje de desintoxicación del alma.

* PATRICIA REYES es periodista y una enamorada de la música, cine y los libros. Ha trabajado como locutora, publicista, editora y reportera de música y entretenimiento en temas de cultura pop en México y Estados Unidos.

Introducción

Es urgente y necesario un mensaje de amor, de esos que cambian vidas, que inyectan ánimos y mejoran actitudes.

En medio de tantos cambios en el mundo, es nuestro deber crear cosas positivas y promover maneras alegres de vivir, no importa a qué tantos retos nos sometan, cuando alguien tiene un alma fuerte, alegre y feliz, por mucho que la sacudan siempre mantendrá su esencia.

Quiero que existan más almas ligeras, alegres, de esas que iluminan todo a su paso, no importa que tan pesado sea el cuerpo que las aloje. He comprobado a lo largo de mi vida que no se trata de tener el cuerpo perfecto, sino de saber vivir con el que tienes, ligeramente, ¡sin complicaciones!

En cada seguidora que tengo, veo a mi antigua Wendolee, una mujer llena de posibilidades y de talentos pero escondida detrás de un cuerpo grande, haciéndose chiquita, con mucho miedo a no ser suficiente para poder lograr todas esas cosas que su mente imagina. Veo la misma necesidad de que alguien te ayude a encontrar la fuerza que tienes para lograr todo lo que piensas. En cada una de mis *gordibuenas* veo a la Wendolee de hoy, con tantos sueños ganados, rompiendo esquemas e inspirando vidas.

Me gustaría hacer las cosas muy fáciles para todas, y que llegaran a conquistar ese amor propio lo más rápido posible. Quisiera decirles que hay una varita mágica que me ayudó a alcanzar mis metas, pero lo único que tengo para compartir son experiencias y mis más sinceros pensamientos de cómo una mujer de talla grande merece vivir.

Deseo que este libro pueda mejorar tu vida, fortalecer tu espíritu y regalarte amor… de ese que nunca muere, del que es eterno y sincero: el amor propio, aligerar el alma y quitarte un peso de encima.

Wendolee Ayala

Los Angeles, California, 1º de octubre de 2020

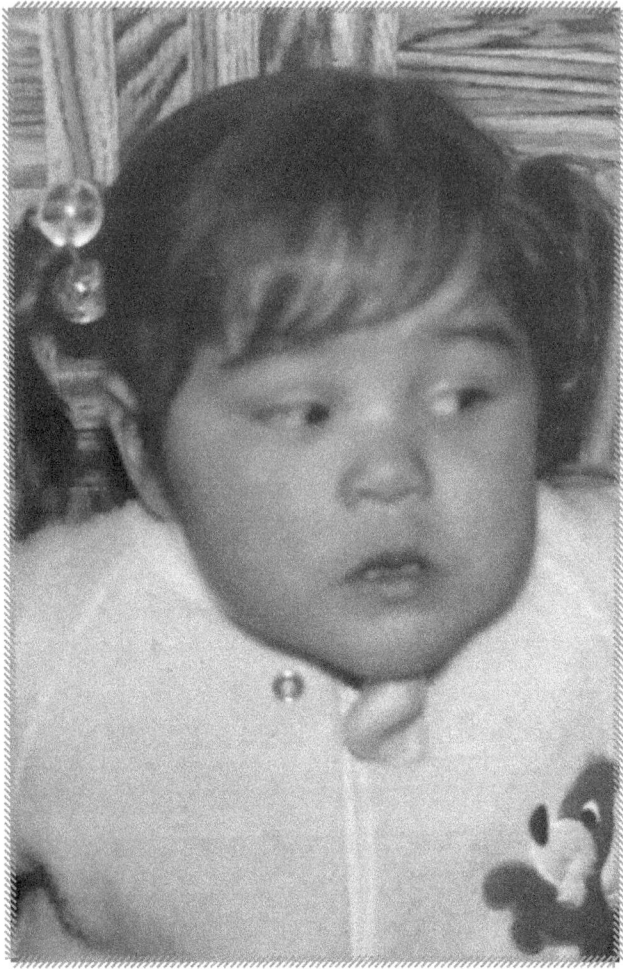

Capítulo 1

¿Quién soy?

Soy una piedra en el zapato, ese momento incómodo para los que aseguran que ser gordo es igual a estar enfermo, ser un fracasado, indisciplinado e infeliz. Por el contrario, en mi vida he podido lograr cada sueño que me dijeron que un gordo no lograría.

Estudié danza con el mismo unitardo plateado que todas mis compañeras usaban. Ahí estuve, realizando lo que a simple vista de los demás parecía imposible. Me convertí en estrella de televisión, a pesar de que para aquellos años (2002) los gordos que salían en TV solo participaban como comediantes, o en algún comercial como modelos para bajar de peso, muy pocos con carreras serias. Encontré el amor sincero, quien ama lo que soy y como soy. Soy mamá de dos niños y soy directora de una organización que ayuda a mujeres de tallas grandes.

Pero, ustedes se preguntarán: ¿Cómo una persona con sobrepeso y con tanta crítica puede lograr esto? ¿Cómo puede uno amar lo que todos llaman defecto? ¿Cómo se consigue vivir con el alma ligera en un cuerpo pesado?

Primera Comunión

Siempre tuve amor desde niña, mis papás son uno de los principales apoyos de mi vida. Aquí en mi primera comunión. Foto crédito: Colección Wendolee Ayala.

Mi nombre es Wendolee, nací en Torreón Coahuila México. Soy hija única, crecí en un hogar con mucho amor y apoyo de mis papás, Gerardo Ayala y Sandra Morán.

Al mes de nacida, mi pediatra me puso mi primera dieta. Puesto que doblé mi peso en el primer mes, pensaron que tenía una enfermedad de crecimiento y le aseguraron a mi madre que sufría de gigantismo, que llegaría a medir dos metros en mi juventud, lo cual no sucedió.

Me revisaron todo, incluyendo la tiroides, otras glándulas, etc., y no había nada mal.

Mi madre hacía todo para que yo estuviera dentro del peso que dictaban las tablas y los doctores, pero siempre tuve kilos de más.

Yo creo que gracias a que siempre hice mucho ejercicio y viví muy consciente de cuáles comidas eran malas, nunca he estado enferma de nada relacionado con sobrepeso.

No tengo problemas hormonales, ni nada a lo que se le pueda atribuir mi sobrepeso —a excepción de mi genética—. Mis padres son delgados, pero ambas familias de mis progenitores tienen sobrepeso.

Mis papás, en busca de una solución, me llevaron a la Casa de la Cultura de Torreón para que me mantuviera activa, que pudiera bailar o hacer algo que me ayudara a quemar calorías.

Entré a bailar gimnasia rítmica, recuerdo que las primeras veces no podía hacer cosas que las niñas flaquitas podían, pero al mes, me paraba de cabeza igual que todas, algo que sorprendió a los maestros. Luego, intenté la clase de baile hawaiano y me encantó mover las caderas —a pesar de que todas las otras niñas eran delgaditas—.

En el festival anual bailamos como grupo de la clase de hawaiiano, recuerdo ser el centro de atención y recibir burlas de los papás.

Yo iba con mi falda de rafia a la cadera y un bikini, como todas las niñas, solo que yo tenía panza y lonjitas. En vez de provocarme miedo o pena, extrañamente empecé a llenarme de valentía.

Probamos muchas dietas, pero no me funcionaban. Mi peso seguía creciendo, así como crecía el amor por los escenarios. Estudié jazz, ballet, música, canto, y en todas las actividades era la gordita chistosa que captaba la atención por la ligereza y la gracia con la que bailaba.

Tengo que confesar que en cada presentación en la cual me enfrenté a las miradas, burlas y críticas, mi pequeña alma de niña jugaba a ser cada vez más fuerte, a sentir satisfacción cuando la gente se sorprendía de las habilidades de una gordita en medio de un grupo de flaquitas.

Con ese mismo valor viví la secundaria y preparatoria, esa difícil etapa donde vamos formando nuestras personalidades, donde ser la bonita y la popular es lo que todas quieren.

Pero en esta etapa, en vez de buscar ser aceptada, nunca perdí mi esencia única, alegre, un tanto despreocupada por lo que decían de mí.

Participé en concursos escolares, declamaciones, bailes, lo que fuera que me pusiera en el escenario, y ahora comprendo que mi Wendolee más joven buscaba siempre retarse, para ver cuánta más burla y crítica podía soportar. Gozaba mucho con sorprender al público.

En esta etapa también viví mis primeros rechazos amorosos. Recuerdo en especial al primero.

En la preparatoria conocí a un músico, por error. Cuando antes se cruzaban las líneas telefónicas, hubo una de esas llamadas donde escuchabas a varias personas a la vez, y parecía un chat telefónico.

Hubo un hombre que al escuchar mi voz quedó "enamorado" y me dio su teléfono para que lo contactara después, lo cual hice inocentemente y llena de emoción. Empezamos a tener comunicación por un mes, y él estaba completamente enamorado de mi voz.

Él insistía en verme en persona, pero yo no lo quería conocer porque tenía miedo de que cuando me viera se decepcionara de mi físico.

Así que retrasé ese esperado encuentro lo más que pude, para en ese tiempo poder "adelgazar" y así poder sorprenderlo. Cabe decir que no perdí ni un gramo, pero un día tocaron a mi puerta y resulta que era él.

Él sabía más o menos por donde vivía y se puso a gritar por las calles como un loco mi nombre, hasta que un vecino le dijo donde vivía exactamente. Cuando abrí la puerta, pude ver su cara de decepción.

Venía con una guitarra —quería ser artista—, y en nuestras llamadas me había prometido que el día que me viera por primera vez me cantaría una canción que me compuso. Pero cuando nos vimos, no quiso cantarla. Me dijo que me cantaría otra canción. Duramos platicando no más de 15 minutos —si mucho—, y me dijo que lo disculpara, que se tenía que ir, y al preguntarle por qué, me dijo claramente que yo no era lo que él pensaba y que estaba muy gorda para él. Se dio la vuelta y se fue.

Cabe destacar que cuando me volví una cantante famosa, me volvió a buscar, pero esta vez no me encontró.

Este fue el primer rechazo amoroso que tuve por mi físico. Aunque fue muy duro, entendí desde ese momento que no podía esconder quién soy detrás de un teléfono, que para poder encontrar al amor de mi vida, tenía que mostrarme siempre como soy, y sin esconder nada.

En la preparatoria se burlaban de mi sueño de querer ser artista, y gracias a que siempre participaba en los festivales de la escuela, a pesar de tantas burlas, empecé a sentirme más segura de lo que yo quería lograr.

Convencí a mis papás de ayudarme a llegar a la universidad de Artes más cercana a mi ciudad natal, que era la Facultad de Artes Escénicas en Monterrey, Nuevo León.

Tenía que presentarme a un casting para poder mostrar mis habilidades artísticas, pero cuando entré a ese salón y me vio el director y varios maestros de danza, volví a reconocer esas caras de asombro a las cuales me había enfrentado desde mi primera clase de gimnasia rítmica.

El maestro me preguntó si estaba en la facultad correcta —yo creo que pensó que estaba en busca de la carrera culinaria—, pero al verme decidida me tuvieron que hacer el casting. Al notar mis habilidades artísticas, me condicionaron a bajar de peso para poder entrar al primer semestre, lo cual sí pude lograr con la ayuda de la nutriológa de la facultad, más las 10 horas de danza diarias que bailábamos. Durante los siguientes semestres pude bajar mucho, aunque nunca lo suficiente para estar como mis compañeras

A pesar de enfrentarme a muchos esfuerzos y dificultades, fue un gran logro para mí llegar a ser la primera bailarina con sobrepeso de la carrera de Danza Contemporánea, y puedo decir que esos fueron de los mejores años de mi vida.

Sentía que estaba en mi casa, en la zona en donde podía expresar todo lo que sentía. Estaba estudiando música, actuación, composición, etc.

Fueron años muy hermosos, aprendí a tocar batería, piano, guitarra, etc. Pero mi obsesión por bajar de peso y mejorar como bailarina, me llevó a lugares oscuros.

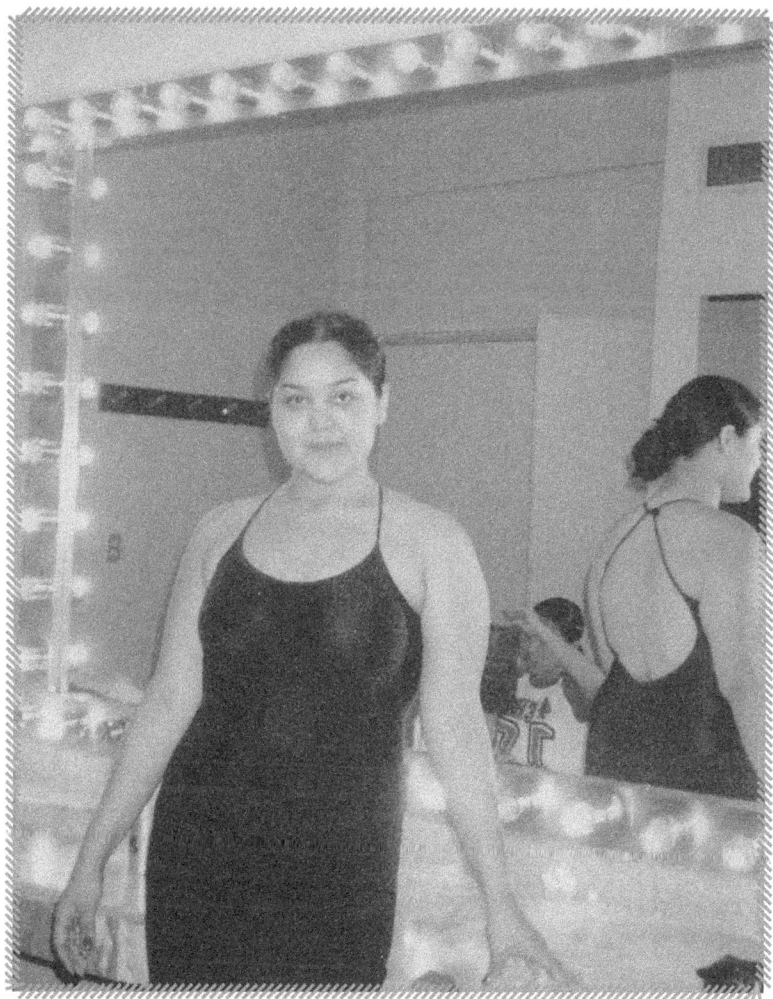

En el teatro universitario

A punto de salir a una presentación en el teatro universitario, ese día lloré mucho por que estuve ensayando muchísimo durante todo el semestre y ese día en la mañana el profesor me dijo que no me presentaría con mis compañeras, bailarines muy importantes vendrían a calificar el show y el estaba muy apenado de tener a una bailarina gordita, después de una gran disputa entre los directivos y mi familia, finalmente con los ojos hinchados pero me presenté al igual que todas.

Foto crédito: Colección Wendolee Ayala.

Llegó a afectarme tanto que mis papás decidieron regresarme a mi ciudad natal por un semestre. Mientras tanto, y para no perder la condición, seguí estudiando en el Instituto de Bellas Artes de Durango.

En el transcurso de esta etapa de mi vida, conocí al que pensé que sería mi esposo, el cual me amó por lo que yo era, con todas mis "grandezas" y "rarezas", hasta que un día descubrí que me había engañado con su ex, y caí en una profunda depresión. Me preguntaba si realmente todos los demás estaban en lo correcto, y que una gordita jamás lograría conseguir el amor sincero, o si la carrera artística no era para gordas.

Derrotada, estuve encerrada en mi cuarto por semanas, hasta que un día vi un comercial de un casting para un programa de televisión, y algo me dijo que llamara.

El casting más próximo era en la ciudad de México y mi mamá, al verme tan deprimida, sugirió irnos en coche. Así llegué por primera vez a la capital. Al presentarme al set, me sentía súper nerviosa. Había 25,000 personas audicionando, de las cuales escogieron a las mejores de la ciudad de México. Eran 115 y entre ellas iba yo. Después escogieron a los 14 mejores de todo el país, entre los cuales también estaba yo.

El programa de televisión me enfrentó al reto más grande

de mi vida, puesto que me enfrentaría ya no a los papás del festival anual de la Casa de la Cultura, ni a una secundaria, ni a una universidad, me enfrentaría a la televisión abierta, al público en varios países.

Estaba completamente aterrorizada y a pesar de mi cuerpo grande, me volví pequeña. Todos los miedos que había guardado por años salían a cantar conmigo cada domingo, y esto no permitió que pudiera demostrar todo lo que podía dar.

Cada prueba de vestuario era un sufrimiento junto con los vestuaristas, y la presión que había sobre mi imagen fue tanta, que me hizo dudar de mi talento y de mi valor. Viví uno de los más grandes años de mi vida atemorizada por mi apariencia.

Este programa cambió la televisión mexicana, nos volvimos íconos en la música, e hicimos una extensa gira por varios países.

Muy seguido me hacían reportajes sobre cómo bajar de peso, me regalaron decenas de tratamientos para rebajar, pero no funcionaban.

Un productor pudo darse cuenta de lo atemorizada que estaba por mi apariencia, pero también reconoció en mí el talento por el cual fui seleccionada como de lo mejor de mi país, se acercó y me ofreció trabajar como conductora de un programa de televisión en Los Ángeles, California. Esta oportunidad fue el inicio de mi liberación.

Me mudé a Los Ángeles, y trabajé por años entrevistando a mujeres extraordinarias que me inspiraron mucho, y me fui llenando de fuerza.

Me ofrecieron mi primer contrato musical y me fui empoderando. Conocí al amor de mi vida —ahora mi esposo—, y mi alma se fue fortaleciendo cada vez más.

Poco a poco, fui recuperando mi autoestima y mi valor, gracias al apoyo de gente que me fue mostrando nuevamente la relevancia de mis talentos, más allá de mi físico.

Recuperé las ganas de seguir avanzando. Hacía lo que siempre soñé, volví a la escuela, entré a una de las escuelas de danza más importantes de Hollywood, me seguí preparando, grabé mi primer disco solista, conseguí firmar un contrato de distribución con Sony Music, y todo empezó a tomar su lugar.

Paulatinamente recuperé la autoestima que en algún momento había perdido. Volví a ver la belleza de mi cuerpo, la ligereza de mi alma, la alegría que me caracteriza y decidí contar mi historia a través de una organización *online*, llamada *Gordibuenas Fit Club*, en donde muy honestamente cuento mi lucha por amar lo que soy. De inmediato, muchas mujeres se identificaron y empezamos un movimiento que ha inspirado a muchos.

A través de estos mensajes positivos siento que estoy contribuyendo para lograr un mundo con menos estereotipos y más amor. Un mundo más ligero.

Casting

En el casting me sentía ya una ganadora en este escenario,con el simple hecho de estar entre los mejores de la ciudad de México viniendo de provincia era para mí un gran logro. No sabía lo que venía para mí.

Foto crédito: Sandra Morán.

Capítulo 2

¿Cuánto te pesa el alma?

Llegamos a las 2 de la madrugada a la ciudad de México, ¡habíamos manejado por 10 horas desde Torreón para llegar por primera vez a la capital!, y era mi primera vez haciendo un *casting*.

De tanta emoción, no pude dormir las pocas horas que me restaban. Tenía que estar lista a las 7 de la mañana y cuando llegué la cantidad de gente formada era muy intimidante.

Cuando escuchaba cantar a mis vecinos de la fila, automáticamente pensaba que todos cantaban mejor que yo. Había mujeres impresionantemente hermosas y perfectas para salir en TV, y que jamás alguien como yo lograría entrar a ese programa de televisión, pero pensé que aunque fuera imposible tenía que cumplirlo, porque habíamos viajado desde tan lejos como para no terminarlo.

Decidí cambiar mi actitud, iba a estar ahí mucho tiempo y era mejor pasarla bien. Entonces, por un momento, me olvidé de lo que traía en mi corazón y empecé a pasarla bien. Tan bien, que varias veces las cámaras de reporteros llegaban a entrevistarme.

Noté que había empezado a ser un punto de atracción para mis compañeros y también para la gente de la producción, y el hecho de que llegaran a entrevistarme en vez de escoger a la súper atractiva vecina, me empezó a dar confianza.

Me sentí cada vez más segura y relajada, así que cuando llegué a cantar al primer filtro estaba más segura, aunque llena de muchos nervios.

Era la primera vez que cantaba enfrente de jueces y con todo el miedo del mundo, canté, y me dieron las gracias. Salí muy triste y regresé a mi estado de tristeza —el mismo que había dejado en el hotel con mi mamá—.

Esa noche, platicando con mi mamá, le dije que quería regresar al *casting* al siguiente día y mi mamá, muy enojada, me dijo que iba a perder el tiempo, que para qué formarse otras 8 horas, etc. Pero yo estaba decidida a volver a intentarlo.

Al día siguiente, llegué aun con más confianza, decidida a que esta vez sería la buena. Lo creí, lo visualicé, y lo logré.

Fui una de las 14 artistas seleccionadas en el país para participar en el primer *reality show* musical de Latinoamérica.

Una vez en una plática con el productor, me contó que muchos de los encargados de hacer el *casting* se habían impresionado con la alegría y la luz con la que yo llenaba los espacios. No solo el escenario, sino también con mis compañeros, cómo alentaba a mis compañeros participantes a estar contentos a pesar de que los fueran eliminando.

Por estar concentrada en alcanzar mi objetivo, me olvidé de que era gorda, que no tenía el cuerpo perfecto para estar en TV, me olvidé de como cantaban los demás, me olvidé de la tristeza que traía en el corazón y eso cambió para siempre mi vida.

El enfoque que le demos a las cosas hoy es lo que nos dictará nuestro futuro.

Es muy fácil vivir enfocados en lo incorrecto, en cuanto nos pesa el cuerpo, por ejemplo, en vez de enfocarnos en cuanto nos pesa el alma o cuanto pesan nuestras acciones, y por estar enfocadas en lo incorrecto perdemos momentos maravillosos de nuestra vida, oportunidades, relaciones, metas, etc.

Vivimos en medio de una epidemia de sobrepeso espiritual. Muchas personas delgadas o con sobrepeso, tienen el alma pesada, triste, llena de resentimientos, de culpas, de criticas, inseguridades, preocupaciones, comparaciones, dudas, y si a eso le sumamos un cuerpo pesado, realmente se hace un suplicio vivir.

¿A cuántas personas hermosas y bellas conoces que no son felices con lo que son? Es alarmante el número de gente con el alma pesada y triste. Lo peor es que esta misma gente, son quienes tratan de arruinar la felicidad del que está al lado.

La negatividad y el positivismo son actitudes que son altamente contagiosas. Ojalá algún día tengamos una pandemia de positivismo y alegría en vez de negatividad.

Tener el alma pesada es el resultado de muchas experiencias a las que nos hemos enfrentado desde nuestra niñez, de las situaciones difíciles que no aprendemos a verle también el lado positivo, en donde en vez de ir soltando, vamos acumulando.

Estamos rodeados de prejuicios, estereotipos, de creencias, de modas, que nos hacen sentir menos valiosos, y cuando menos acordamos ya traemos mucho cargando en nuestro corazón y pasamos a ser del bando de los amargados y resentidos.

A quienes hemos vivido con sobrepeso nos han metido en la cabeza la idea de que tenemos que adelgazar para ser felices, para lograr nuestras metas, para estar saludables, aún cuando la salud no es exclusiva de los delgados, y nos han aterrorizado con la idea de las dietas, ejercicio y miles de tratamientos mágicos que nos ayudarán por fin a bajar de peso, prometiendo que por fin seremos perfectos y felices, y que por fin seremos valiosos.

La industria del *fitness* y el negocio de la pérdida de peso están muy enfocados a vendernos soluciones en su mayoría temporales, y que no nos dan paz ni felicidad permanente.

Antes que a ninguna dieta, es primordial atender a lo interior, lo importante, lo que le da sentido y movimiento a lo externo. Mejorar nuestro interior tendrá un impacto grande en nuestro exterior y lo mejor es que será permanente.

Tener el alma ligera nos ayudará a tomar mejores decisiones de salud, de vida y si hay cosas que no podemos cambiar, no importará porque nuestra alma ligera, positiva y alegre aceptará vivir feliz aun con eso.

Es fácil en estos tiempos perder el enfoque de quienes somos, de los atributos que se nos han dado, de nuestro sueños, olvidar cuál es nuestra misión y del valor que tenemos.

Estamos rodeados de redes sociales en donde vemos perfección y felicidad aparente, pero no sabemos cuantos filtros trae esa perfección, cuantas correcciones tiene la realidad y eso nos hace dudar de nuestras propias capacidades y cualidades.

Tal cual como en mi historia del *casting*: nos enfocamos en lo que los demás tienen, quieren o piensan, nos sentimos intimidados por las cualidades de los demás, cuando debemos estar concentrados en engrandecer lo que tenemos cada uno de nosotros.

Cuando te enfocas en lo tuyo, puede resultar que al final del camino tenías más tú que aquellos que te intimidaban.

He notado que también la inevitable empatía que sentimos ante tantas cosas negativas pasando en nuestro mundo, afecta el querer sentirse alegre.

Creemos que es complicado e injusto vivir con alegría y con esperanza cuando vemos tantas cosas tan difíciles pasando en el mundo. Sin embargo, una manera de contribuir a mejorar el mundo, es cambiando primero nuestro pequeño pedacito de mundo. Cuando hay más seres llenos de luz habitando en nuestras comunidades, las cosas mejoran para todos.

Enfoquemos nuestra atención en aligerar nuestra alma.

¡Quítate un peso de encima! Deja que tu alma descanse de cargar tanto, libérate y enfócate en lo importante, tus sueños, tus metas, TÚ.

Los grandes cambios en el mundo empiezan con los cambios en uno mismo.

" " Enfócate

en lo positivo,

enfócate en ti "

Por estar preocupada por lo que los demás querían me
olvidé de que yo solo quería cantar.

Capítulo 3

Desintoxicación del alma

Después de aparecer en televisión y lograr lo que muchos me habían dicho que no lograría, las mismas personas que me criticaban, empezaron a buscarme, a querer ahora sí ser mis amigos, diciendo que siempre tuvieron fe en que lo lograría.

Viví un gran cambio de vida, el *reality show* tuvo un éxito sin precedentes, rompiendo récords de audiencia en toda Latinoamérica y nos fuimos de gira dos años, y en medio de esta revolución, de este gran cambio, pasé de ser una simple muchachita provinciana con curvas, a ser una artista con fans, que salía en TV y daba conciertos masivos. Inexplicablemente, fue ahí donde se puso a prueba mi resistencia y mi autoestima.

Todos pensarían lo contrario, que al sentirme famosa y exitosa, me sentiría dueña del mundo, segura de mí, pero estaba expuesta a la crítica masiva, a las opiniones de millones, incluyendo la crítica de los profesionales del entretenimiento, quienes analizaban todo en todo momento.

Empecé a compararme con mis otros 13 compañeros, culpando a mi sobrepeso de todo lo que me pasara, de no tener tantos *fans* como los demás, de no haber firmado un contrato con una disquera grande, de que la ropa no se me viera tan bonita como a mis compañeras en el escenario, etc. Además de una serie de pensamientos negativos que oscurecieron mi alma, hicieron cambiar mi actitud, me hicieron dudar de mi talento, perder el enfoque y no me dejaron ver que gracias a mis talentos yo era parte de ese grupo de 14 artistas que cambiaron la historia de la televisión mexicana, que ninguno era menos importante que el otro, que el conjunto de talentos fue el éxito, que me habían seleccionado porque soy valiosa y estoy llena de luz, una luz que inspira a otros, que canto, bailo, actúo, compongo música , toco instrumentos. Pero gracias a que hice caso a todo lo que la gente tenía que decir sobre mí, dejé que mi negatividad ganara, y no me dejó gozar la gloria que estaba viviendo y que totalmente merecía.

Toda la gira me hice pequeña, como queriendo esconder la grandeza de mi cuerpo. Me dediqué a escuchar a los demás y lo que los demás opinaban, guardando en mi alma solo lo negativo, pensando solo en mis defectos y buscando mil maneras de cambiarlos.

Muchos de nosotros caemos en esa trampa de la negatividad, y dejamos que las opiniones externas cambien lo que nosotros opinamos de nosotros mismos, especialmente los que sufrimos de sobrepeso, y le damos tanta importancia a lo que los demás piensan de nuestra apariencia.

Parte de aprender a querernos es sanarnos, es limpiar nuestras heridas para —con mucho amor— curarlas y sanar.

El amor propio es algo que deberíamos de conocer todos, es algo que escuchamos tan seguido, pero que nadie nos explica como se nutre. Sentimos que no nos amamos lo suficiente, pero no sabemos bien cómo empezar a cambiar y amar todo lo que somos.

Así como muchos de nosotros hemos escuchado la idea de que antes de empezar una dieta hay que desintoxicarse, y hasta hemos probado infusiones de hojas del árbol adelgazador, semilla de papaya rostizada y deshidratada, y cualquier remedio que nos ayude a sacar lo malo, así tal cual lo aplicaremos a nuestro interior.

Imagina que te estás tomando uno de esos brebajes milagrosos que —por arte de magia— sacará de ti lo malo, dejando un alma limpia y pura para llenar de cosas nutritivas, de sentimientos positivos que nos den esa llamada y muy merecida felicidad.

Así como tenemos en nuestra lista del supermercado esos artículos que no debemos comprar, los alimentos prohibidos y que no podemos ni oler, tenemos que reconocer cuáles son los pensamientos negativos que hacen a nuestra mente pesada y gruesa, debemos estar muy conscientes de cuáles son y evitarlos completamente.

A pesar de que cada uno de nosotros somos únicos y tenemos experiencias diferentes, heridas diferentes, emociones diferentes, hay sentimientos en común que tenemos los gordibuenos.

Aprendamos a reconocer los sentimientos negativos...

La vergüenza proviene del miedo que tenemos
a lo que los demás piensen de uno.

La vergüenza

Hemos vivido atemorizados por el estigma social de ser gorditos, porque nuestro cuerpo no es perfecto y porque nuestro "peor defecto" está a la vista de todos, es algo que no podemos ocultar y eso es causa de sentirte apenada y muy insegura en todo. La vergüenza proviene del miedo que tenemos a lo que los demás piensen de uno, "si me pongo esta falda, ¿qué van a decir de mi?, ¿cuantos me van a criticar?", pensamos, y dejamos de hacer cosas que nos gustan por el miedo a la opinión ajena.

Tenemos que dejar de hacer las cosas para los demás, y empezar a vivir con menos miedo. No podemos controlar lo que los demás piensen, tú enfócate en lo que opinas de ti misma, y trata de ser benévola contigo como lo eres cuando halagas a tu vecino, que las opiniones bonitas sean las que sobresalgan cuando se trata de ti misma.

Siéntete orgullosa de toda la belleza que tiene tu cuerpo, aprende a ver en el espejo las cosas bonitas de ti, que no te desvíen la atención las cosas que no te gusten de ti, ve las cualidades que hay en ti, porque el hecho de que respires, ya es algo lleno de magia, milagro y belleza.

Ahora con las redes sociales ya sabemos que no somos las únicas con la panza grande, que en todos los rincones del mundo hay personas como nosotras, y que se ven espectacularmente bellas, ¡tú eres una de ellas!

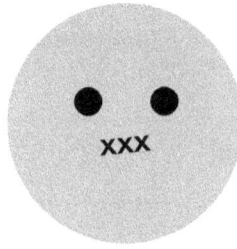

La culpa

Siempre queremos encontrar al culpable cuando algo sale mal. Pero, piensa dos veces, tú no "saliste mal", tú no eres un error, ni tu cuerpo lo es.

Tú eres el resultado maravilloso de la vida, y hay muchas razones externas e internas que pueden ser responsables de tu sobrepeso.

No vivas la vida culpándote, mejor ¡vive! pues el tiempo es lo más valioso que tienes y no puedes seguir perdiéndolo lamentando algo que no posees.

Vive la maravillosa oportunidad del HOY, con el cuerpo que tengas HOY. No vas a adelgazar en 24 horas, mejor dedícate a hacer lo máximo en las próximas horas con el cuerpo que tienes.

Tú no "saliste mal", tú no eres un error,
ni tu cuerpo lo es.

Pensamos "¿por qué a mí?, ¿por qué yo?",
pero en vez de cuestionarnos, hay que tomar acción.

La frustración

Cuando uno intenta todo por bajar de peso —y literal, ¡algunas lo intentamos todo!— y no pasa nada, nos sentimos derrotadas y frustradas, pensamos "¿por qué a mí?, ¿por qué yo?", pero en vez de cuestionarnos, hay que tomar acción.

Hay que agradecer que no tenemos problemas más graves y que tenemos cosas positivas en nuestro ser, cuerpo y corazón. Estar de mal humor todo el día hará tu día y el de los que te rodean mucho más pesado. Sonríe, toma las cosas con calma y con ligereza.

El cambio es drástico cuando se solucionan los retos diarios con alegría y humor. ¡Inténtalo!

Nadie quiere estar rodeado de gente con mal humor, ¡aligérate el alma!, aun y con tu cuerpo gordito puedes ser el alma de la fiesta, en donde sea.

La comparación

Es muy fácil compararse con los demás, sobre todo para nosotros los que tenemos sobrepeso.

Sueñas con verte como tal persona, o piensas que si adelgazaras como tal, tu vida sería diferente, pero nadie te asegura que si eres igualita a la otra vas a ser feliz.

Sé feliz con lo que tienes aquí y ahora, enfócate en lo que tú eres, reconoce las cosas positivas en ti y aférrate a ellas.

No te compares, no hay nadie como tú.

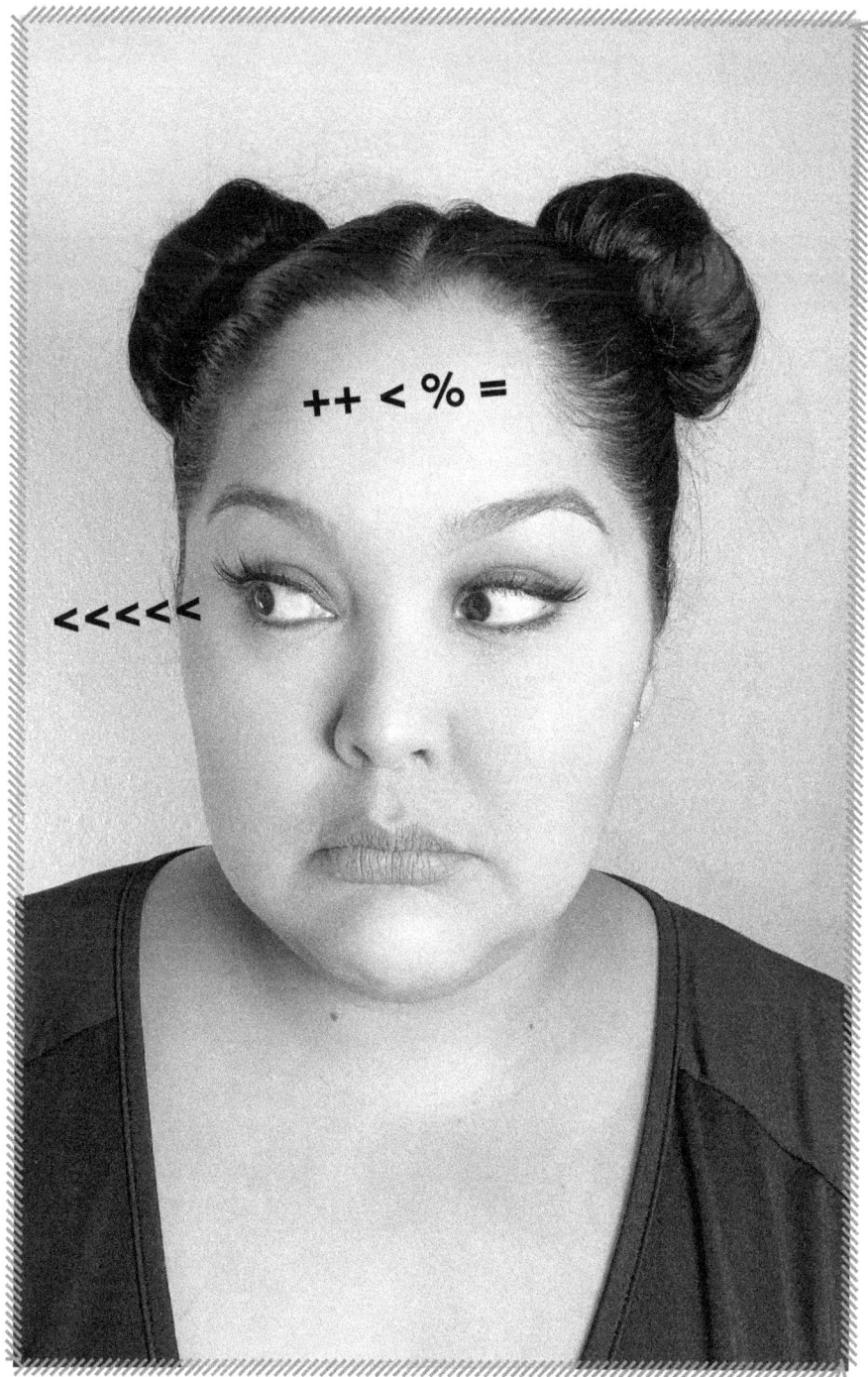

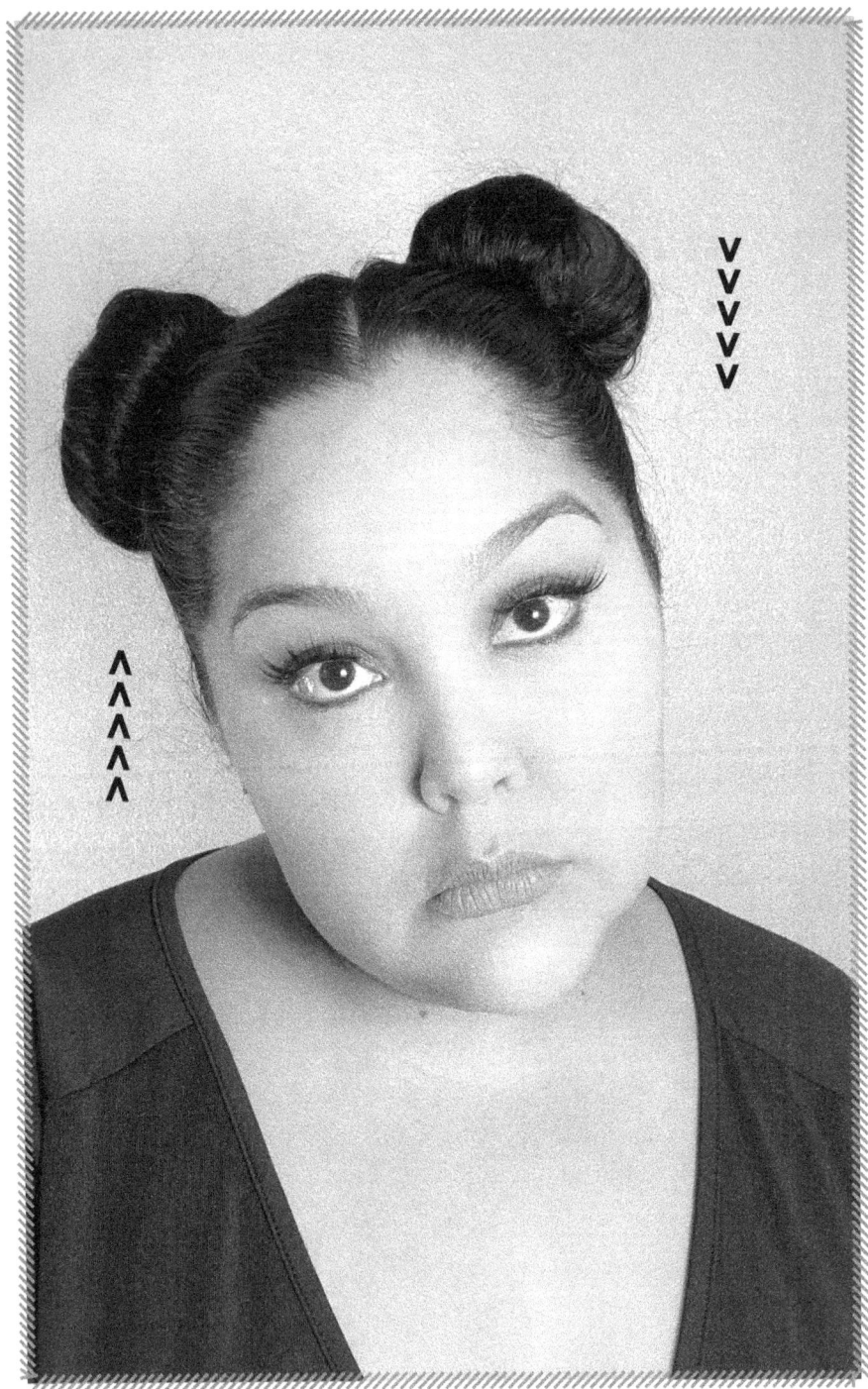

El sentimiento de inferioridad

Hay que dejar de pensar que no valemos la pena, solo porque tenemos kilos de más.

¿En serio? ¡Ay, no! La gente no vale más porque pesa menos. Reconoce que tu vida es valiosa, que tu cuerpo es valioso, que es hermoso con todas sus diferencias.

Pero si quieres que los demás te valoren, primero debes valorarte a ti misma.

No dejes que tu <u>peso</u> sea lo que más <u>pese</u> en tu personalidad.

La sufrida

Muchas de nosotras necesitamos atención y recibir la empatía de los demás. La ruta que parece más fácil es contar lo mucho que hemos sufrido.

Esto genera empatía temporal ante los demás, pero le hace un daño tremendo a tu subconsciente y éste, más que nadie, te escucha y cree firmemente en lo que le cuentas. ¡Cuéntale cosas bonitas de ti!

Con esto no quiero decir que, si tienes problemas, de vez en cuando no hables con amigos con los cuales te puedas desahogar, pero ¡qué no sea a diario!

Dejemos el papel de víctimas, esa es una de las principales intoxicaciones del alma.

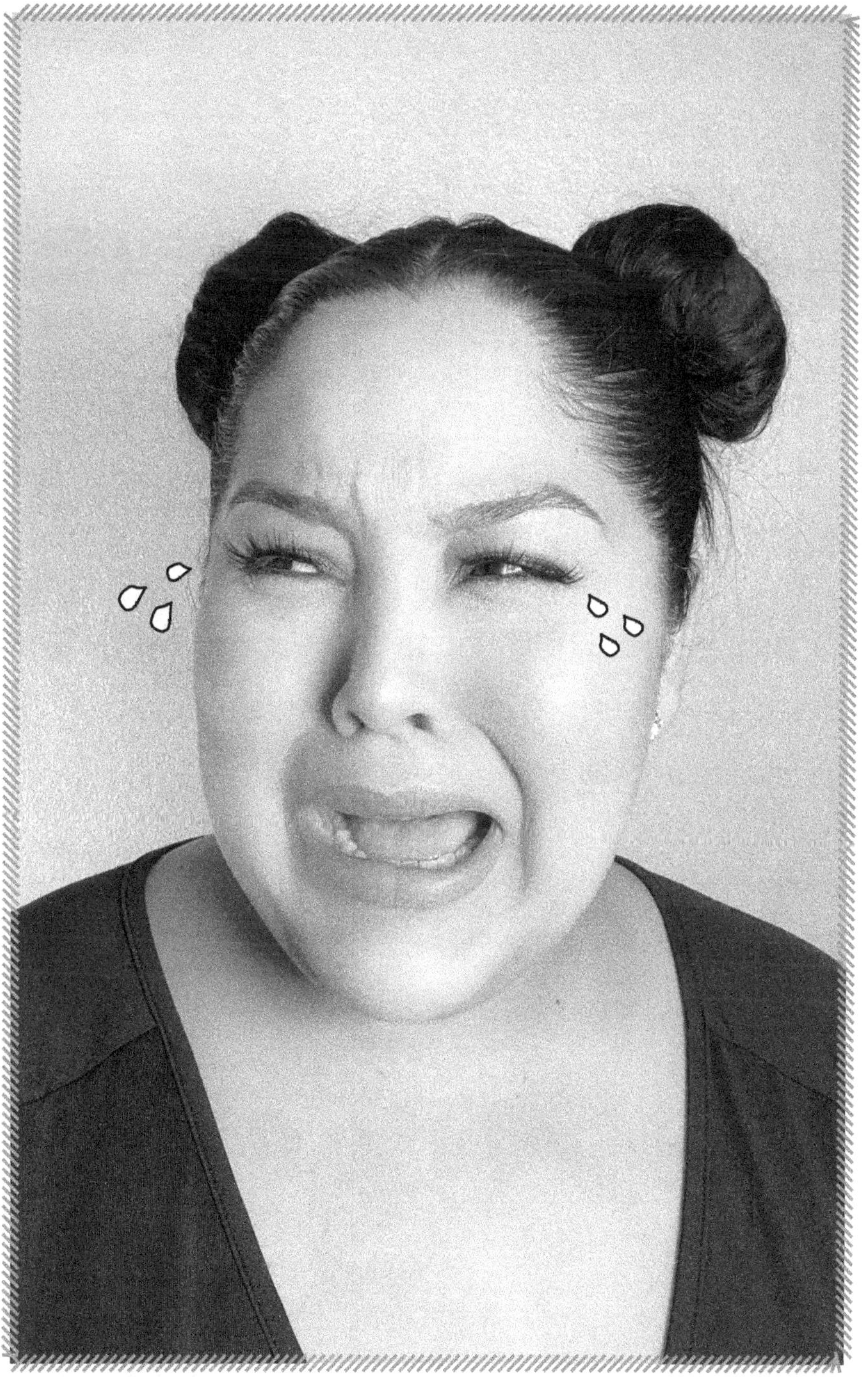

La negatividad

El sentimiento que alimenta a todas estas conductas es la negatividad, que —desgraciadamente— es algo que abunda en el mundo.

Con todo lo que estamos pasando sentimos que todo está mal, que no se vislumbra un futuro lindo.

La incapacidad de ver la luz en medio de tormentas es algo que hace entristecer a todo nuestro mundo.

Más adelante, en un capitulo entero, te contaré sobre cómo vivir positivamente, la manera de ser totalmente felices.

{ Todo está mal }

Para enterrar por fin todos esos pensamientos erróneos que nos hacen dudar de nuestro valor como seres humanos, quiero que busques el mejor lugar donde puedas hablar contigo a solas y sacar de tu mente y corazón todas esas cosas que ya sabes que traes cargando.

Tú sabes qué es lo que te duele, tú sabes el resentimiento que guardas a esa persona que te hizo lo que te hizo, las frustraciones de no alcanzar las cosas que has querido, el tiempo que has dejado pasar y lo débil que has sido para no tomar lo que te pertenece.

Ahora, todo aquello que sabes que traes en el alma, sácalo, escríbelo y ¡quémalo!, ¡desaparécelo!

Quiero que te pares frente a un espejo, que estires la columna y muevas los hombros para atrás, levanta la barbilla, y pronuncia la siguiente afirmación: "No hay nadie en el mundo como yo, no existió, no existe, ni existirá nadie como yo, soy irrepetible y por eso valgo mucho. No soy un humano más en la historia, todas mis diferencias me hacen único y valioso, soy mucho más de lo que la gente ve por fuera, tengo un gran propósito que aportar a mi familia, a mi entorno y al mundo".

No hay nadie como tú y eso ya es bello.

" Libérate

de pensamientos

negativos "

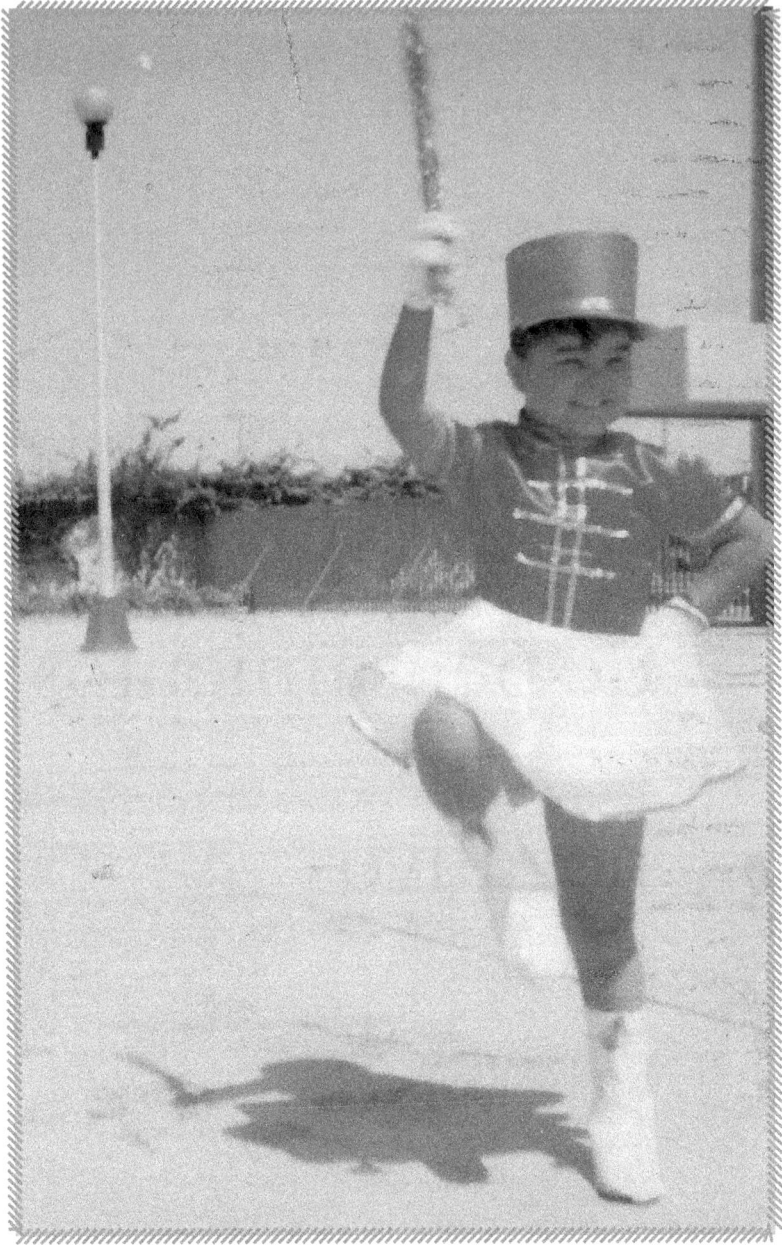

Con apenas 4 años de edad, di mi primer show en el auditorio de la deportiva de Torreón, Coahuila.

Foto crédito: Colección Wendolee Ayala.

Capítulo 4

Cardio para el corazón

El momento que cambió mi vida para siempre, fue un día que llegué llorando a mi casa desconsolada porque alguien en la escuela me dijo gorda por primera vez en público.

Yo era muy niña, quizá habré tenido apenas unos 5 años. Recuerdo muy bien que mi mamá me preguntó por qué lloraba, y le conté que una niña de mi salón me había llamado gorda enfrente de todos.

Ella tomó mi mano, me llevó al espejo del baño de nuestra casa, y me dijo: "Mírate, dime si estás gorda", y yo —entre lágrimas y sollozos—, volteé a verme por unos segundos, muy rápido, y le contesté que no.

Mi mamá me volvió a preguntar: Mírate bien y no me digas mentiras, sin llorar. Me volví a ver, esta vez más detenidamente, y vi ese cuerpecito con sus curvas y redondeces.

Aún puedo ver a esa niña gordita frente al espejo. Le contesté que sí. "Sí, estoy gorda", dije. Y me preguntó: "Entonces, si estás gorda, ¿por qué lloras?"

Ese fue el inicio de una vida maravillosa, mi mamá me dió el arma más poderosa que una madre puede dar a su hijo: aceptación.

***

El valor que se le da a la palabra "gordo", depende de cada uno. Para unos puede ser un insulto, para otros puede ser solo una característica descriptiva, pero para otros —como en mi caso— puede ser lo que te abra las puertas, lo que te haga diferente, lo que te haga bello, único y haga tu vida de gran valor.

Todo depende de como lo asumas.

Nadie, después de ese capitulo en mi vida, NADIE pudo lastimarme diciéndome gorda, puesto que yo sabía que sí lo era. Nadie pudo jamás herirme, puesto que si alguien me decía gorda me estaban diciendo la verdad.

Asumí la palabra "gorda" como una bella característica, como un adorno a mi gran personalidad. Mi corazón empezó a hacer su cardio desde muy niña, creció fuerte y decidido a no limitarse en nada. Nunca me opaqué por ninguna niña delgada en los shows escolares, todavía puedo ver las caras de las maestras, papás, o público en general, al observar en mí a alguien tan diferente, tan feliz, tan soltada y cómoda con sus formas.

Muchas veces escuché: "mira, ¡qué risa con esa niña! ¿no se da cuenta de lo gorda que está, de lo mal que se ve brincando en medio de todas las niñas flaquitas, por que su mamá no la pone a dieta?, pobrecita…"

Mi corazón se llenaba de fuerza con cada mirada, cada insulto, cada burla.

Esa fortaleza es la que necesitamos todos, ese cardio es tan importante como el cardio que practicamos en nuestra rutina de ejercicios, pero no solo hay que fortalecer nuestro corazón físicamente sino espiritualmente también.

He visto a personas perder toda una vida solo porque enfocaron su existencia en un defecto.

No dejes que un defecto eclipse todas las otras mil cosas que tienes bellas.

¡Cuántas veces hemos conocido a personas que tienen, por ejemplo, la nariz grande y caminan su vida entera con la cara hacia el piso, cuando tienen unos ojos hermosos, o el rostro bellísimo y no se dan cuenta! Pierden toda una vida por una nariz, o por una panza o por alguna otra razón.

Si pudiéramos hacer que cada persona se amase con la fuerza que debe, cambiaríamos el mundo, porque lidiaríamos con personas felices, capaces de reconocer sus virtudes, con personas que en vez de "defectos", asuman sus diferencias como parte de una diversidad que hace este mundo interesante.

> Sin prejuicios, ni pena, sin criticarte, acepta lo que eres, y cambia tus propios estándares de belleza. Cambia el significado que has aprendido a darle a lo que otros llamarán defectos, para que te guste lo que ves en el espejo.

Y en cuanto a la belleza, ¿quién me puede decir qué es bello? Recuerdo mucho una clase en la universidad de artes, en donde debatíamos con el maestro sobre la belleza. Tengo muy presente siempre ese gran ejemplo, unos tratábamos de convencer al maestro de que una pintura era bella por tal y tal razón, y nunca ganamos. La lección fue que no puedes obligar a alguien a ver belleza en donde sus ojos no la perciben como belleza.

La belleza es una opinión personal y afectada por muchas circunstancias sociológicas y temporales. Depende de dónde provienes, de donde vives, de la época, de tu nivel socioeconómico, de qué género eres y de la edad que tienes. Todo influye en la respuesta de una persona sobre lo que es bello o lo que no es.

Partiendo de esa idea, ahora dime: ¿Cuándo le vas a dar gusto a todos? ¿Cuándo vas a ser bella para todos?

La única opinión que debe importarte es la tuya, que tú te consideres bella, a tus estándares, a tu propio concepto de lo que es estilo, a lo que a ti te guste.

Lo que tú consideres que es bello, lo es. Y cuando camines con esa seguridad de sentirte bella, la gente notará algo diferente en ti, y empezará a ver esa belleza que tu ser emana. Las mujeres más bellas son las que caminan con la certeza de que lo son.

Acepta lo que eres, todo lo bueno y lo malo. Toda esa suma de cualidades y defectos te hace única, pero enfócate y engrandece más lo bueno, no te enfoques en lo que no te gusta. Mantén la balanza siempre de lado de las cosas buenas.

Si todos asumiéramos nuestras diferencias como parte de nuestra belleza, el mundo sería más alegre, con menos complejos y con más sueños logrados.

¡Qué no daría yo porque todos respetáramos las diferencias de los demás y aprendiéramos a ver la belleza en todo lo que nos rodea!, pero somos humanos y somos parte de algo llamado sociedad, donde compartimos circunstancias, épocas, modas, pandemias, etc., y esto afecta nuestras opiniones, nuestras maneras de comportarnos y hasta el significado de belleza. Como seres naturalmente sociables, tendemos a participar en las modas, tendencias, eventos, etc., y esto no está mal porque significa que somos sociables y participativos.

***

Sea cual sea el concepto de belleza que tengas, vas a encontrar partes de ti que no te gusten tanto y que deseas cambiar.

Eso no te hace no quererte, te hace tener ese sentimiento de aspirar a mejorar que todos los humanos tenemos, y está perfecto el querer mejorar en todo, tratar de hacer ejercicio para mejorar el aspecto de alguna parte de tu cuerpo, incluso darte alguna ayudadita con la medicina estética.

Yo no estoy para nada en contra de las cirugías y arreglos, lo malo es cuando pierdes el balance y crees que todo está mal, ¡qué debes cambiarlo todo!

Yo no estoy en contra de las cirugías para corregir cosas que no te gusten, una o dos, pero no cuando vemos a gente que se cambia todo y pierde su esencia. Si algo que no te gusta no lo puedes cambiar, acéptalo como parte de ti y continua feliz.

Un error común es querer cambiar para gustarle a los demás, pero nunca los harás felices a todos, puesto que todos tenemos diferentes opiniones sobre que es bello.

Lo que nunca falla es querer mejorar para ti, a tu criterio, lo que te guste, lo que consideres que es bello para ti y te haga sentir hermosa, esa es la respuesta.

Apóyate con los tantos trucos que existen para mejorar tu imagen, el maquillaje, la ropa, las benditas fajas, o cualquier cosa que te ayude a sentirte bonita, a que te enamores de ti. Esa es la meta real.

Una parte importante para mantener la autoestima arriba es la propia imagen que tengas de ti. No le des importancia a las cosas que no te gusten y no puedas cambiar, ignóralas y resalta las cosas que consideres tus mejores armas. Camina esta vida con esas cualidades, como si la vida fuera tu propia pasarela.

Haz que las cosas bellas que tienes sean tan obvias que la gente ni atención le ponga a las cosas que no te gusten de ti.

"Acepta lo que eres con amor y asume tus diferencias como parte de lo que te hace único y valioso"

Un momento agridulce vivía cada vez que salía a cantar, puesto que por fin estaba haciendo lo que quería en un lugar tan importante, pero con mucho miedo porque inmediatamente después tenía que estar parada, callada, sin decir nada, escuchando todo lo que los demás tenían que opinar sobre mí. Foto crédito: Colección Wendolee Ayala.

Capítulo 5

El método Keto

A pesar de haber crecido con la convicción de que mi cuerpo es solo una parte decorativa a la grandeza de mi corazón y de sentirme la más bonita de todas en todos los festivales escolares, aunque se rieran de mí, la vida me llevó a enfrentarme a lo que más le temía...

Y cada vez con mayor intensidad, porque una cosa fue dominar las opiniones de una escuela primaria, luego una secundaria, luego una universidad —en donde la única gordita era yo—, pero mi doctorado fue enfrentarme a la crítica de países ante un televisor y poner en charola de plata a este cuerpo gordibueno frente a las opiniones de la gente que se dedica a criticar en programas de espectáculos.

A mis 19 años, no estaba preparada para eso, pero aun así salí por primera vez en televisión abierta, con una faja que apretaba mi seguridad y mis miedos, más que mis carnes.

Una vez parada enfrente de la cámara, con el foco rojo encendido (que significa que ya estamos al aire) con las piernas temblando, hice uso de mi método *keto*, el mismo que utilicé en el primer festival de la primaria donde escuchaba murmurar a los papás de mis compañeritos, el mismo que utilicé en cada burla y crítica, pensando: "KETOdo me valga", "KETOdo me valga".

Me repetía una y otra vez, "yo sé que puedo, soy talentosa y conozco muy bien mis habilidades para dominar este escenario".

Ver la cara del público que estaba en el set, algunos sorprendidos otros burlándose, otros felices, fue lo que me hizo levantar la papada, arquear mis hermosas cejas, y demostrar el valor que tengo para enfrentarme ante las opiniones.

Nadie de la gente que me critica, se imagina la satisfacción que se siente dominar un escenario, dominar mis miedos frente a un televisor.

Ninguno de los que me habían criticado anteriormente se imaginaba a esa gordita a la cual querían herir, de pie en cadena internacional.

Ese sentimiento de poder fue lo que me hizo vencer los miedos y desde muy niña decidí que dedicaría mi vida a probar que —aun con diferencias—, todo en la vida es posible.

Cuando te conoces tan bien, nadie puede venir a contarte cosas sobre ti.

Si reconocemos el valor que tenemos como seres humanos, tendremos una base más sólida para enfrentar este mundo lleno de opiniones y críticas.

Si no conocemos nuestras fortalezas, debilidades, talentos y todo lo que todavía podemos mejorar, será muy fácil que los demás nos hagan dudar de quienes somos, o de que una crítica nos hiera.

Es por eso que debemos enfocarnos en fortalecer la relación más importante de nuestras vidas, la relación con uno mismo.

Muchos me preguntan cómo me convertí en una mujer segura de mí misma, y creo que es importante conocer y asumir tus cualidades, tu valor como ser humano y todo lo bueno que puedes aportar, pues cuando alguien se siente valioso puede caminar con mayor seguridad y confianza por la vida.

Para muchos de nosotros es hermoso ver a una persona segura de sí logrando sus metas, con muchos de lo que otros llaman defectos y aun así sentirse grande y valiosa.

Ver a alguien conquistando sus temores y engrandeciendo sus virtudes, esa es la belleza que debemos admirar, y la que debería ser portada de revistas, esa es la belleza que perdura para toda la vida, la que deja huella, pero desgraciadamente sabemos que a muchas personas no le gusta ver a otros sentirse felices con sus defectos y lograr metas a pesar de tener todo en contra. A mucha gente le molesta e incomoda, porque pone en duda su propia fuerza para conseguir sus ideales.

Hay gente que prefiere esconderse detrás de un defecto y culpar a sus defectos, limitaciones, o circunstancias y no asumir la gran responsabilidad de que somos dueños de nuestros sueños y destino.

Por eso hay tanta gente con envidia que critica a quienes sí encontramos esa fuerza. Ven reflejadas sus propias limitaciones y en su manera de criticar dejan ver lo que son ellos mismos, sus carencias y necesidades, lo que tienen o falta en su corazón, a lo que temen.

Si quieres superar las críticas, analiza a quienes te atacan, y escúchalos con compasión e inteligencia.

En el fondo, cada uno de esos comentarios está cargado de halagos a lo que haces, a quien eres. Si aprendes a ver a la crítica de esta manera, difícilmente te moverán alguna fibra y por el contrario, te sentirás con más ánimos de seguir tu camino y tus metas aunque vayas causando esa polémica entre la gente que —muy en el fondo—, te admira.

En cambio, cuando empiezas a escuchar a la crítica y no tienes 100% claro quien eres, a donde vas, que virtudes tienes y no sabes asumir la crítica como halago, entonces es cuando asumes como cierto lo que los demás creen de ti, es cuando empezamos a dudar de nuestro valor, cuando empezamos a darle más importancia a lo que nos diferencia y hacemos nuestra vida triste, basada en las opiniones que los demás tienen sobre nosotros.

¡No permitas que nadie viva tu propia vida! No dejes que nadie decida lo que quieres, que nadie te diga si eres o no valiosa, o bonita. Decídelo tú.

La gente es libre de decir lo que sea o lo que se imaginen sobre ti, pero no aceptes cualquier opinión externa sobre tu persona, conoce a profundidad tu cuerpo, tu mente y tu corazón, ten muy claro lo que quieres lograr de la vida, porque cuando te conoces en detalle, ¡nadie podrá cambiar la opinión que tienes sobre ti!

El conocer nuestras fortalezas y debilidades será el comienzo de mejorar todo. Haz una lista de tus fortalezas y enfócate en ellas, promuévelas entre tus seres queridos, siéntete orgullosa de hablar bonito de ti.

Estamos educadas para no hablar de nuestras virtudes, porque después somos consideradas como ególatras y presumidas, pero mientras una está en busca de su amor propio, todo es válido. Alábate y presume sin miedo ni penas lo maravillosa que eres.

Al principio sonará a broma, pero entre broma y broma la verdad se asoma, y el subconsciente escucha. El amarse a uno mismo ¡es un acto de amor!, no de vanidad.

No está mal recordar diariamente lo hermosas que somos. Reconoce lo bella que eres, grita tus virtudes.

¡Presume tus habilidades! Nunca te midas en halagos para ti y por favor deja de mencionar tus debilidades, esas entiérralas, olvídalas, ignóralas, junto con esas experiencias del pasado que te hacen dudar que eres, mereces y vas a ser feliz.

La felicidad es una decisión interna y un cuerpo perfecto no te hará más feliz. Las personas no valen más si pesan menos.

Así como se usa el *bypass* para bajar de peso, así mismo debemos aplicar un *bypass* espiritual donde a cada crítica y opinión que entre por nuestros oídos solo le saquemos lo positivo y los demás se vaya directamente a la basura.

Los comentarios externos son opiniones de alguien que no nos conoce a la perfección. Nosotros sí conocemos todas las virtudes, fortalezas y necesidades de nuestro corazón.

> " Escucha, pero no asumas lo que los demás cuentan de ti "

Mis hijos

Son el premio de amor perfecto a todos los esfuerzos de mi vida.

Fotografía: Colección Wendolee Ayala.

Capítulo 6

Plan alimenticio del alma

Cuando dejé de quejarme y pelearme con mi propio cuerpo, agradecida por cada kilo que veía en la báscula —la que por muchos años fue mi enemiga—, cuando asumí mi gordibuenez como parte de la belleza y las cualidades que tengo, empezaron a sucederme cosas maravillosas.

Encontré al amor de mi vida —a pesar de que la gente me aseguraba que nadie me iba a querer si no adelgazaba—, firmé mi primer contrato discográfico con la disquera más importante del mundo —Sony Music—. A pesar de no tener el cuerpo que todos quieren ver en video, obtuve mi primer papel en una película en cine, sin tener que cambiar ni un solo centímetro de mí. Estuve en la pantalla grande, me convertí en mamá de dos niños, a pesar de que los doctores me decían: "si quieres ser madre tienes que estar en tu peso ideal".

Todo lo que había soñado, lo tenía en mis manos, pero no es otra cosa que el resultado del profundo agradecimiento que le tengo a mi cuerpo, a mi corazón y a mi alma, la combinación de esas 3 cosas hacen de mí una mujer muy valiosa.

Camino por la vida así, me asumo como tal, sin miedo. Por lo tanto, la mayoría de las demás personas me ven de la misma manera.

⚜

Ya nos desintoxicamos el alma, ¡ya encontramos los sentimientos que debemos de restringir en nuestro plan para aligerar el alma! Ahora sí, viene lo bueno. A VIVIR FELICES ¡con la talla que sea! Pero, ¿cómo se hace eso?

Así como cuando vamos al nutriólogo y nos hacen un plan para lograr la meta y el peso deseado, así mismo tenemos que hacer un plan pero del ALMA, para tener claro cómo vamos a lograr lo importante, que se llama FELICIDAD. Cómo lograr vivir plenas y alegres, cómo aprender a vivir ligeras, sin que los retos que enfrentamos nos amarguen los días.

⚜

Muy regularmente me dicen que veo la vida color de rosa, como si tuviera unos lentes especiales que me ayudan a ver todo desde una perspectiva alegre y feliz, aun en los casos más trágicos de mi vida. En los momentos más difíciles, esos lentes me han funcionado, aunque a veces se empañen pero igual nunca me los quito. Solo los limpio y sigo viendo la vida desde mis lentes positivos.

Con esto he podido encontrar la belleza en todos, en todo, incluyéndome.

Aprender a vivir positivamente es una tarea más fácil de lo que crees, es una manera alegre y divertida de vivir, de ver las cosas.

Cuando tienes el alma llena de luz todo brilla a tu alrededor, todo es más fácil —hasta esos gravísimos momentos—, y la vida te va llenando de éxito tras éxito y si tuvieras pérdidas, ni lo notarías.

Tu alma positiva y alegre no tendrá tiempo de pensar más que en seguir feliz.

Una característica de alguien con baja autoestima es que piensa que todo está contra ella, todo es imposible de alcanzar o muy lejano.

No tiene nada positivo en ella, no se ve capaz de hacer feliz a nadie más, no tiene cualidades, ni nada, ¡Qué difícil es vivir así! ¿no? Y si a eso le sumamos el cuerpo pesado, pues entonces como resultado tendremos a personas tristes y sin amor.

Si ya tienes el cuerpo pesado, aligérate el alma con una actitud positiva.

¿Cómo mejorar nuestra actitud?

Hay ciertos trucos y atajos que podemos hacer para ayudar a nuestro cuerpo a que se sienta con mejor ánimo. Uno de ellos es el ejercicio, que es vital para mejorar nuestra actitud. No importa que talla seas, siempre existirán ejercicios que podrás hacer. Todas las tallas se pueden ejercitar, y esto mejorará tu actitud.

Es como un círculo vicioso, entre más ejercicio hagas, más energía tendrás, mejorarás tu oxigenación y pensarás en cosas más positivas. Si te sientes más positiva tendrás más ganas de ejercitarte y así sucesivamente.

Muchos de nosotros pensamos en el ejercicio como algo que nos han impuesto para poder bajar de peso y lo rechazamos inmediatamente, pero debemos ver al ejercicio como algo que nos ayudará a sentirnos mejor.

No lo hagan por bajar de peso, háganlo por como se siente uno después de una buena sacudida de esqueleto.

Otra manera de mejorar nuestra actitud es nuestro lenguaje corporal. En la universidad de danza pude estudiar mucho lo que dice el cuerpo solo con movimientos y posturas. A través de movimientos podemos transmitir sentimientos, de tristeza, de enojo, de alegría, etc.

Aprende a ayudar a tu espíritu con tus posturas, ¡levanta

esa cara mujer, levanta la papada y endereza la columna, levanta las cejas y sonríe!

Aplícalo a diario, conviértelo en tu manera de caminar por la vida y verás como hasta en los momentos más tristes te ayudará a levantar el ánimo.

El incluir elementos naturales a tu menú, como vegetales y frutas también ayuda a tu cuerpo a tener mejor actitud. Hay miles de recetas deliciosas en donde podemos incluir cosas más saludables.

De nuevo: no se trata de bajar de peso, sino de ayudar a tu cuerpo a mejorar tu actitud, y si bajas de peso será un plus, pero no lo tengas como principal objetivo. Muchas de nosotras nos hemos enfocado en bajar de peso tantas veces y ¡acabamos comiendo más!

Te estresas tanto que se entorpece tu actitud, tu salud y todo lo que te rodea. Hay que enfocarnos en sentirnos mejor primero.

Agradece y reconoce las bellas cosas que tienes. Sufrimos tanto por lo que aún no tenemos y nos preocupamos por las cosas que no tenemos, que a veces no vemos lo que ya tenemos. Aprender a valorar las pequeñas cosas, acciones, personas, nuestro propio cuerpo y vida, nos ayudará a ser más positivas.

Como ejercicio, antes de dormir menciona alguna cosa por

la cual estás agradecida y verás como hasta dormirás más a gusto.

Agradece el cuerpo que tienes hoy. Nadie sabe lo que pasará mañana, y nadie puede cambiar lo que vivimos ayer.

Nadie puede asegurarte que si tienes el cuerpo perfecto vas a estar feliz y todo va a ser perfecto.

Aprende a disfrutar este día, con este cuerpo que tienes hoy, enfócate en disfrutar de las cosas maravillosas que puede lograr tu cuerpo en el día que estás viviendo, y si los pensamientos negativos te invaden, atácalos con pensamientos positivos.

Tú tienes el poder de escoger lo que piensas, cuando te invada la negatividad, escoge distraerte con música que te haga feliz, con actividades que te pongan de buen ánimo, tú tienes el poder de controlar lo que piensas, y por lo tanto cómo te sientes.

Escoge estar cerca de personas positivas. La influencia que tienen sobre nosotros las personas con quienes convivimos es grandísima. Es muy cierto ese dicho de "dime con quien te juntas y te diré quien eres", escoge con quien pasas tu tiempo y también recuerda ser una buena influencia para los demás.

Cuando tu actitud mejora, también el tipo de amistades que atraemos es mejor, la gente quiere estar rodeada de personas con buena actitud, que les den ánimo. Así que influye con tu bella sonrisa.

Las comparaciones son inevitables y más ahora con las redes sociales, pero hay que recordar que lo que vemos en los demás, solo es la punta del iceberg.

No sabemos en qué condiciones viven los demás, lo que tienen en su corazón o qué situaciones están pasando, así que cuando empieces a compararte, piensa que tú tienes cosas que los demás no poseen.

Enfócate en lo tuyo, en lo que tienes y vales. Así como eres generosa con los demás, sé generosa contigo misma.

Una mujer llena de sueños y metas es una mujer más feliz, visualízate como tal. El tener a donde ir te alegra el camino, te alegra el alma, te anima a seguir, a pesar de los múltiples retos que tendrás que vivir para lograr tus sueños, pero hay que tener muy claro lo que quieres, a dónde vas y dirigirte hacia ese punto con alegría y positivismo.

No te quedes con las ganas de nada, intenta eso que tanto quieres y has soñado, ve tras ello, y si alguna vez te limitaste a pensar que no puedes lograr tus sueños por tu apariencia, cada vez tenemos más y mejores ejemplos a seguir.

También las redes sociales nos han abierto la posibilidad de descubrir a gente maravillosa, que muchas veces con menos probabilidades han logrado grandes cosas.

Tú puedes ser una de esas personas, solo falta tener muy en claro lo que quieres lograr, visualizar las metas que quieres conquistar, e ir tras ellas.

¡Qué nunca más tu apariencia sea una limitante para ti!

"Vive positivamente, agradece y visualízate alcanzando tus metas"

En esta sesión de fotos ya empezaba a sentirme amada, plena y sin culpabilidades por sentirme bonita y valiosa. Fotografía: Francisco Guerra

Capítulo 7

Medirse y pesarse en acciones

Después de haber alcanzado la fama, y tener varias metas alcanzadas en mis 20's, llegó un punto en donde empecé a cuestionar mi existencia y mi aportación al mundo en general. No se trataba de ser famosa, porque ya lo había conseguido. Dentro de mí, sabía que me faltaba algo más.

Comprendí —después de investigarme mucho—, que quería dejar huella de otra manera, no solo a través de mi música, necesitaba dar un mensaje más claro y contundente.

Fue así como decidí comenzar Gordibuenas Fit Club, una organización que —a través de mis redes sociales—, ayudaría a miles de mujeres como yo.

Utilicé un término tan banal como el de "gordibuena", que regularmente se usa para describir solo las cosas externas de una mujer, solo la apariencia, y cambiarle el sentido a esa palabra, por GORDI BUENA, una gordita llena de bondad, la "buenez" no solo se refiere a lo exterior.

Decidí enfrentarme a quienes no entienden mi mensaje acusándome de que promuevo la obesidad, cuando precisamente estoy promoviendo cómo solucionarlo desde la raíz, y no solo promover los remedios mágicos para ponerle "solución".

Afortunadamente, muchas mujeres me entendieron y juntas empezamos a motivar a otras, quienes a su vez promueven mi mensaje y así sigue la cadena.

Inspirando amor propio antes que cualquier cosa, la organización sigue creciendo con mujeres que quieren mejorar en todos los aspectos y esto me motiva mucho, me llena de energía y puro amor.

Esta misión de compartir con el mundo el amor propio, se apoderó rápidamente de mi vida.

A partir del momento cuando me dediqué a ayudar a otros, todo empezó a mejorar, mi carrera musical, mi vida personal, mis relaciones, como si por arte de magia se me fueran abriendo las puertas en todo lo que quería y soñaba, y tengo la clara convicción de que es porque estoy ayudando a otros.

Las vidas con propósito son prósperas y bellas. El ayudar a los demás te da belleza, de esa belleza que perdura para siempre, que no cambia si subes o bajas de peso, si te falta o sobra alguna parte del cuerpo, el saberte útil y que puedes inspirar a otros te llena de un amor propio muy poderoso, las vidas con propósitos están llenas de belleza.

¡Quizá puedes decir que quien necesita ayuda soy yo!, en un mundo donde es difícil encontrar ayuda porque todos ven por su propio beneficio.

Pero cuando empiezas a ayudar a los demás, todo mejora en tu vida. Esa ayuda que tú necesitas también llega, las puertas se abren, los caminos se conectan y todo fluye para mejor.

No estoy hablando de donar dinero, ni de ayudar enfermos, el inicio es tan simple como ayudar a tu propia familia, preocuparte por ellos, preguntar y ver qué necesidades emocionales tienen. Una simple plática o dedicarle tiempo a escuchar a un ser querido es un buen comienzo.

Puedes involucrarte en organizaciones que ayuden en tu comunidad, etc., el punto es darle un nuevo propósito a tu alma, y saber que ese cuerpo en el que vive tu alma es valioso y de mucha ayuda para los demás.

No solo hay que medirse y pesarse en kilos, hay que medirnos y pesarnos en acciones, en cuanta gente inspiramos, a cuanta gente ayudamos, a cuantos les sonreímos, a eso sí deberíamos darle tallas, y te aseguro que todos quisieran ser talla de alma XXXL.

La belleza externa está completamente ligada con la belleza interna.

¿Cuántas veces no hemos conocido a mujeres hermosas con un corazón triste y que no brilla? ¿Cuántas veces hemos conocido a mujeres no tan bonitas, pero que llenan de luz la habitación? Ese "no se qué, que qué se yo", viene de muy adentro. Cuando tenemos un corazón sinceramente feliz, brillamos, cuando sentimos que podemos ayudar a otros, brillamos, cuando valoramos lo que tenemos, brillamos, cuando amamos lo que somos, brillamos, y cuando brillamos cambiamos todo lo que nos rodea.

Cuando tenemos un corazón feliz, sincero, lleno y pleno podemos tocar la vida de quienes nos rodean... y así se podrá ir compartiendo la información, y el que te rodea tocará al de al lado y así sucesivamente.

El que ayuda a los demás, se ayuda a sí mismo. El amar a los demás, te hace amarte a ti mismo.

El amor propio es algo que todos debemos conocer, que todos debemos promover y dominar. Con estas ideas y experiencias que he podido vivir, he comprobado que no se necesita un cuerpo perfecto para ser feliz.

Basta con creértelo, no hay nada más bello que sentirse y saberse bello.

Contra eso nadie puede, si tú te sientes bella, así seas la más fea del mundo, la gente te va a percibir como bella.

Ese poder que tenemos dentro, lo que viene de lo que piensas que eres, es realmente fascinante.

Como tú te sientas, así te verán. Lo que tú creas, será.

Realmente, la mente tiene un poder extraordinario y efecto total en tu persona, por eso el enfocarnos en cómo nos sentimos, qué pensamos de nosotras mismas, tendrá un reflejo inmediato en nuestra apariencia, actitud y salud.

El ayudar a los demás, el sentirse útil para algo, te hace más bella y mejora la opinión que tienes sobre ti misma.

" Ayudar a otros
te hace bello, te aligera
el alma y te refuerza
el amor propio "

♕

Wendy y Todd

Cuando conocí a mi esposo inmediatamente supe que era el tipo de hombres que sabía lo que es ser juzgado por la apariencia, hijo de abogados y lo opuesto a los estereotipos que conocemos de los afroamericanos. Un hombre trabajador, inteligente y con esa carcajada estremecedora que me dejó ver que no le importaba lo que los demás opinaran de él, me enamoré. Foto crédito: Colección de Wendolee Ayala

Capítulo 8

Vivir llena de amor

Las personas que aún no conocemos bien qué es el amor propio, aceptamos relaciones que distan mucho de lo que verdaderamente es el amor.

Mi tía Lupita González y mi tío Jesse Soulé, fueron un gran ejemplo de que el amor eterno sí existe para las tallas plus. Mi tía, hermana de mi mamá, es una mujer muy grande, en espíritu y cuerpo.

Ella vive rodeada de amor, risas, buena comida y buenas intenciones, tiene un matrimonio sólido y feliz. La vi realizada como madre de tres y fue mi primer ejemplo de que una mujer gordita puede encontrar amor total y para siempre. Con esa historia tan bonita siempre pensé que yo podría lograr lo mismo, que no tenía que cambiar nada en mí para poder encontrar a quien me amara, aún cuando me conociera en mis peores días, greñuda, en mis días, o enferma.

Esa era la teoría… pero conforme me fui enfrentando a mis primeras relaciones románticas, la historia fue completamente diferente y me enterré muchas espinas antes de encontrar a los verdaderos amores de mi vida.

En la secundaria conocí mi primera relación tormentosa de "amor". Acepté que el niño que me gustaba, dijese que le gustaba otra, aunque pasaba todo el tiempo conmigo. Me llamaba todo el tiempo y estábamos juntos todo el día, pero siempre hablando de otra.

Crecí con esa relación que duró años. En mi cabeza me tranquilizaba pensar que aunque él decía que quería a alguien más, pasaba todo el tiempo solo conmigo.

El niño se aseguró de que toda la escuela supiera que estaba enamorado de otra, como para dejar en claro que si lo veían conmigo solo era porque éramos exclusivamente amigos.

Aunque esto suena muy inocente, fue el inicio de ir aceptando en cada nueva relación un poco menos de respeto y valor.

⚜

Estando más grandes, casi en la edad de la preparatoria, esta relación siguió, bajo los mismos términos —somos solo amigos—, pero ahora nuestra "amistad" ya contaba con episodios muy románticos y mis primeros besos candentes —en el auto de mi "amigo", que me hacían sentir la gorda más sensual del mundo entero—, pero sin poder contarlo a nadie, sin poder tomarlo de la mano y caminar en público, renunciando totalmente a que algún día llegaríamos a tener esa historia de amor como la de mi tía.

Después tuve varias relaciones muy similares, que me alejaban cada vez más del sueño de tener ese amor eterno.

La falta de amor propio y mis propias dudas internas del valor que tenía como mujer me obligaban a aceptar cosas que no quería, y a pensar que, por ser gordita, eso era lo que merecía.

Me comparaba con otras mujeres como justificándome. "Bueno, al menos yo tengo esas experiencias de besos candentes en un auto, otras ni eso tienen", —pensaba.

No me daba cuenta de que mantener esas relaciones donde yo no era nada, escondida no solo del espejo sino escondida por mis parejas que a su vez estaban llenas de terror al que dirán si los veían con una gorda, el estar enamorada de esos hombres llenos de estereotipos, solo reafirmaban lo que creía de mí misma, "si no estoy delgada, tengo poco valor", así dañaba cada vez un poco más mi autoestima y estaba alejándome de encontrar al verdadero amor de mi vida.

Los amores de mi vida

Para mí, existen varios amores de la vida, el primero comprendí que soy yo misma. YO soy ese amor que tendré siempre a mi lado, disponible a todas horas, que soy mi alivio, mi consuelo, quien me protege, ese amor que tiene el poder de cambiar un día malo en uno bueno, de ese amor que no te abandona, que es el amor propio.

Amiga, cuando encuentras ese amor interno, te conviertes en tu propio superhéroe invencible, porque entonces vives llena de amor, de fortaleza y con la seguridad de que pase lo que pase alguien siempre va a estar ahí para ti.

Cuando se tiene este súper poder del amor propio es más fácil reconocer a las personas correctas a tu lado y no aceptar amor a medias solo porque necesitas a alguien que te medio quiera.

Sabrás reconocer a las otras personas por su verdadera belleza, el amor llama más amor, y tú tendrás el corazón lleno para compartir con el segundo amor de tu vida que será tu pareja. Estarás lista para llenar de amor al tercer amor de tu vida que serán tus hijos, o tus padres, o familia. Para mí hay muchos amores de tu vida pero el que le dará vida a todos… es el propio.

Para encontrar a tu media naranja tendrás que ser una mitad muy llena, jugosa, con colores bonitos.

No se puede hacer un entero aportando solo un cuarto de la naranja. Una pareja no puede darte amor propio, ese te lo debes otorgar tú misma.

El amor de tu vida está ahí para amarte, para reafirmar lo que tú ya sabes y ayudarse mutuamente a mejorar en todo.

No le dejes la responsabilidad a otros de cómo te sientes, de lo que vales, o de quién eres.

Cuando amamos, hacemos todo lo imposible por que la otra persona se sienta feliz, deseada, importante, hacemos cosas inimaginables por demostrarles cuánto los queremos.

Pero... ¿y si primero lo haces por ti?

¿Qué pasaría si alguien te llenara de todos esos detalles con los que sueñas?

¿Qué pasaría si esa persona que te ama tanto, eres tú?

¿Cómo te sentirías si tú haces por ti lo que haces por esos a quienes amas?, y no es egoísmo, ni vanidad, es el acto de amor más importante que puede existir en el mundo, el motor inicial que ilumina y mueve para bien todo lo demás.

Decide ser feliz, decide amarte, decide amar a los demás, decide enfocarte en lo positivo, agradecer lo que tienes, decide verle la belleza a todo (incluyéndote).

Decide tu actitud, decide ser alegre, valora ese cuerpo que te acompañará para todos lados y durante todos los segundos de tu vida.

Ese mismo cuerpo donde hay una capacidad enorme de amar, no solo a sí mismo sino a otros a la vez, ese cuerpo que te acompañará en la salud, en la enfermedad, en la pobreza, en la riqueza. Ese cuerpo que aunque sea pesado carga con un alma ligera, de esas que cambian el mundo.

Apéndice

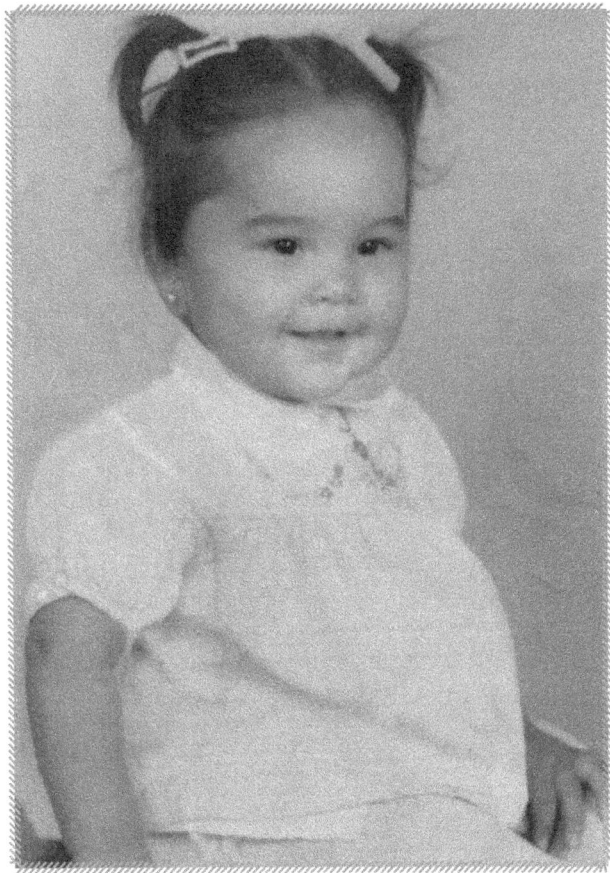

A mis 3 meses, celebrando
el cumpleaños de mi mamá.

Examen Pediátrico

NOTA PEDIATRIA IRA VEZ

26 Octubre 1995   ...nterados de paciente femnina de 13 años desad la cual se
envíada del servicio de Dermatología por obesidad.
ANTECEDENTES HEREDO FAMILIARES DE IMPRTANCIA
Padre de.- 36 años dedicado a ingeniero mecanico, aparentemente
sano, Tabaquismo neg, alcoholismo occional,Madre de 32 años la
cual dedicada a maestra ingles esc. privada god ...,secretariado
bilingue,aparentemente sana, toxicomanias negadas Tabaquismo neg...
alcohol de hay antecedentes de ambas familias de obesidad muy im...
.tante,abuela paterna finada D.M.asiabulea materna con hipertensio
jios paternos con Ca.pancreas y leucemia y tia con Ca uterino,
resto de antecedentes de enfermedades cronico degenrativas asi como
infecto contagiosas negadas.
ANTECEDENTES NO PATOLOGICOS
Es producto de la primera gestacion, con CPN adecuado, sin compli
caciones, obtenida por via vaginal con peso al nacre de 3,000gr
sin complicaciones,alimentada l seno materno por un año,ablactacior
a losno la recuerda,encuento a la alimentacion lo desconoce con
informacion vaga, desarrollo psicomotriz adecuado, inmunizaciones
copletas,casa habitacion cuenta con todos los servicios, hay convi
vencia con animales unperro alimentacion actual,jugos envasados
2-3 veces ala semana,y lo acompaña comuna paquete de galletas,y re
fiere en ocasiones comer "gorditas", por la tarde ha,burgesa, con ,
perros calientes (2),refresco diario de dieta,carne de res jveces
semana,sopas de arroz cada 2 dias,ensaladas con aderezo, come 2-3
veces por semana tortillas (4),por la noche se refiere cereal,come
zanahoria,asi como jicama,leche un vaso al dia.
ANTECEDENTES PATOLOGICOS Menarca alos 12 años.
Apendicectomia hace 3 años, fractura hace 10 meses de pierna asi co
infecciones de vias respiratorias altasdermatosisi desde hace 10
años se encuentra en tratamiento.
PADECIMIENTO ACTUAL
Se trata de paciente la cual es enviada por presentar obesidad
pero se refiere por la madre desde el mes desdad a rox,siempre a
presentado obesidad y la alimentacion que se refiere por la madre
ni es abundante por la que se llama la atencion a persistido
con su sobre sin aumentar y disminuir, no se refiere ciensa, 3 pero
sel sueño ademas menciona realizar ejercicio 2-3 veces al semana.

EXPLORACION FISICA
Peso 93,600gr   Talla165.5 P.C. 57cm SEG.SUP 77.5cm SEG INFER 83cm
T/A 110/60 FC 70X'   FR. 20X'   Peso Ideal 65 kilos sobre peso
144%
Se encuetra paciente femnina tranquila cooperado conciente en las
3 esferas con craneo normocefalo oidos normales, narinas simaltera
ciones,orofaringe normal, facies redondas, ojos existentes, pupil
reflexicas, cuello el cual es corto y grueso, no se palpa masas
torax con mamas taner 3, con campos pulmonares ventilados sin
fenomenos exudativos area cardiaca con ruidos ritmicos de buena
intensidad y frecuencia,no soplos el abdo mescual se encuentra
globoso a expnsa depajiculo adiposo, no hay pegalisa con peristal
presente extremidades se encuetran obesos con masa tono fuerza nor
males, resto se encuetra sinalteraciones.. por la citca que se
r fiere por la nensae pordira tratar de uña obesidad de tipo endog
el plan se pedira examenes iniciales y se para alservicio endocrin
logia.
                                        OBESIDAD exogena
DR. GONZALEZ LUNA M DR. ORTIZ ROBM ec. obesidad endogena.

Muchos especialistas han estudiado mi caso, sin encontrar una razón médica específica de mi sobrepeso, y nunca he tenido enfermedades relacionadas
con la obesidad.

La dieta perfecta...

WENDOLEE AYALA

	LUNES	MARTES	MIERCOLES	JUEVES	VIERNES	SABADO
AL DESPERTAR	1 VASO DE AGUA TIBIA O TE / *cda de alegría / 1 pan*	1 VASO DE AGUA TIBIA O TE / *pizca de amor / 2 galletas*	1 VASO DE AGUA TIBIA O TE / *taza de confianza / 1 chocolate :)*	1 VASO DE AGUA TIBIA O TE / *sopa de risas / 2 gorditas*	1 VASO DE AGUA TIBIA O TE / *1 cuadro de seguridad / 1 cereal*	1 VASO DE AGUA TIBIA O TE / *taco de felicidad / Pan tostado con miel*
DESAYUNO	CEREAL DE FIBRA CON LECHE DESCREMADA, 1/2 PLATANO	1 VASO DE JUGO NATURAL, 1 HUEVO A LA MEXICANA, 1 REBANADA DE PAN INTEGRAL, 1 TAZA DE LECHE DESCREMADA	1 PLATO DE FRUTAS CON YOGURTH NATURAL NO CREMOSO CON GRANOLA, 1 TAZA DE LECHE DESCREMADA *miel*	2 SALCHICHAS DE PAVO A LA MEXICANA, 4 GALLETAS HABANERAS, 1 TAZA DE LECHE DESCREMADA	1/2 BOLILLO C/FRIJOLES MACHACADOS, NO FRITOS, 1 REBANADA DE QUESO PANELA, SALSA PICO DE GALLO, 1 TAZA DE LECHE DESCREMADA	2 HOT CAKES INTEGRALES, 1 CUCHARADA DE MARGARINA, 1 CUCHARADA DE MIEL DE ABEJA, 1 REBANADA DE JAMON DE PAVO, 1 VASO DE LECHE O JUGO
3 HORAS DESPUES	1/2 TAZA DE ZANAHORIA RALLADA	1 NARANJA EN GAJOS *con chilito*	1/2 PEPINO RALLADO *con unas papitas*	1 MANZANA CHICA	1 YOGURTH NATURAL NO CREMOSO *Y la granola?*	
COMIDA	CONSOME, 1 PECHUGA ASADA, ENSALADA VERDE, 10 TORTILLA, AGUA SIMPLE O DE SABOR SIN AZUCAR	SOPA DE VERDURAS, 1 PIEZA DE CARNE DE RES COCIDA O GUISADA, 1 TORTILLA, AGUA DE JAMAICA SIN AZUCAR	SOPA DE LENTEJAS, NOPALES ASADOS CON QUESO PANELA, 3 TORTILLAS, AGUA DE TAMARINDO SIN AZUCAR	CONSOME CON VERDURAS, 2 CALABACITAS RELLENAS DE ENSALADA DE ATUN SIN MAYONESA, AGUA DE LIMON SINA AZUCAR	CALDO DE PESCADO, FILETE DE PESCADO A LA PLANCHA, ENSALADA VERDE, 1 TORTILLA, A GUA DE JAMAICA SIN AZUCAR	SOPA DE VERDURAS, 1 CHILE RELLENO DE QUESO PANELA SIN CAPEAR, 1 TAZA DE FRIJOLES COCIDOS, 1 TORTILLA, AGUA DE TAMARINDO SIN AZUCAR
3 HORAS DESPUES	1 GALLETA INTEGRAL *vaso de leche*	1/2 TAZA DE JICAMAS RALLADAS	6 UVAS *con queso*	1 GELATINA LIGTH	1 MANDARINA	1 PERA CHICA
CENA	1 QUESADILLA DE QUESO PANELA EN TORTILLA DE MAIZ AL COMAL SIN GRASA, 1 TAZA DE LECHE DESCREMADA O TE	ESPINACAS AL VAPOR CON QUESO PANELA, 4 GALLETAS HABANERAS, LECHE O JUGO O TE	1 SANDWICH E DE JAMON DE PAVO SIN MAYONESA CON LECHUGA Y JITOMATE O GERMINADOS, LECHE, JUGO, O TE	CEREAL DE FIBRA CON LECHE DESCREMADA, 1 REBANADA DE FRUTA. MELON O PAPAYA	1 PLATO DE VERDURAS COCIDAS, 4 GALLETAS HABANERAS O 1 REBANADA DE PAN TOSTADO, 1 VASO DE JUGO O LECHE O TE	ENSALADA DE VERDURAS CON 1 TROZO DE QUESO PANELA LECHE, JUGO O TE *Pozole?*

TOMAR AGUA HASTA 1/2 HORA ANTES DE CADA COMIDA, NO TOMAR AGUA DURANTE LA COMIDA, Y TOMAR AGUA 1 HORA DESPUES DE CADA COMIDA

Si a nuestras dietas les agregamos un poco de actitud por aquí, una cucharada de alegría por acá, serían más efectivas. (Favor de NO notar la travesura que hice de añadirle comida al menú...)

Acerca de Gordibuenas Fit Club

Gordibuenas Fit Club es una organización que crea contenido en social media para motivar a mujeres de tallas plus a tener una vida bonita llena de curvas.

Principalmente nos enfocamos en la salud emocional, porque creemos que una actitud positiva es un acelerador de la salud en general.

En nuestros mensajes y comunicación, millones de mujeres encuentran la inspiración que las motiva principalmente a trabajar en su amor propio y en lograr una actitud positiva y alegre que se verá reflejada en su apariencia y salud.

Marlene Quinto

Periodista

Gordibuenas Fit Club, para mí ha sido una plataforma que me ha dado el aliento de seguir adelante en todos los aspectos. En lo personal, me enseñó a quererme tal como soy; Una mujer hermosa con mis kilos de más pero que aun así, ¡soy digna de ser feliz, amada y aceptada por MI!

En lo profesional: a sacar toda esa fuerza para luchar por mis metas, que el físico en todos tamaños es Universal. Por muchos años fue un obstáculo en mi carrera; más bien en mi cabeza... pensaba que no era merecedora del éxito. Trabajando en esta industria por muchos años y junto a mujeres tan hermosas, me di cuenta de que todas tenemos inseguridades.

Wendolee, ¡para mí eres una INSPIRACIÓN! Te veo bailar, cantar, actuar, motivar y lo que le sigue, y me digo: ¡SÍ PUEDO SER EXITOSA! Gracias, porque desde que te conocí ¡se prendió ese switch en mi interior!

Marybel Yáñez
Nutrióloga

La felicidad no tiene números. Cuánto pesas, cuánto dinero tienes en el banco, cuántos kilos menos desearías tener para ser más feliz. A través de los años, he aprendido con mis pacientes que lo verdaderamente (importante) está en compartirse en vida a los demás, con lo que mejor sabemos hacer, desarrollar nuestros talentos y vivir cada momento en el presente. Jamás anhelar lo delgadas que fuimos, lo jóvenes que ya no somos, o cómo no encajamos en los estándares de belleza de la sociedad.

Yo soy nutrióloga, y la sociedad me dicta ser delgada, de lo contrario mis conocimientos pueden estar en tela de juicio si llegara a subir de peso.

Estamos en un mundo donde debemos cambiar esos patrones de "belleza" llenos de tanto vacío emocional, como vivir a dieta y restricción. Deseo que más mujeres al poder leer este libro se inspiren y se recuperen, que no pierdan más tiempo en restringirse, sino en disfrutar cada bocado de comida como la energía que nos provee para brillar más en salud.